PREFACE

前言

当暴雨淹没街道、雷电撕裂天空，或者游乐设施突发故障，小朋友应如何应对呢？本书聚焦自然灾害、意外事故与公共环境风险，通过漫画还原真实场景，如火灾中用湿毛巾低姿逃生，踩踏事件里用“拳击防护式”自保，冰面裂开时侧滚分散压强，被地铁夹住时按下紧急按钮，被食物卡喉时用海姆立克法自救等，每一页都在讲解安全知识与自救方法，让小朋友学以致用。

本书不是一本说教手册，而是一面让小朋友长出羽翼的“自保盾牌”。

CONTENTS

目录

狂风来了怎么办？

好可怕，天昏地暗的！

我快被风吹起来了！

快找棵大树抱住。

抱住大树，保我平安。

呼呼

还是电线杆结实。

孩子们不要慌，快一起躲到屋子里。

窗户会不会被吹碎啊？

不用担心，在玻璃上贴上“米”字胶条，玻璃就不容易碎了。

和安全专家聊聊天

小朋友们，大风来临前，气象部门会发布预警信息。大风预警信息分为四级，分别用蓝色、黄色、橙色、红色标示，其中蓝色为最低级别预警，红色为最高级别预警。我们收到大风预警信息后，要采取以下 5 点安全措施：①不外出；②妥善处置阳台上的花盆和重物；③紧闭门窗；④检查电路和燃气；⑤准备应急电源和照明工具。

可能发生的危险

1. 城市高层建筑之间的狭长通道风力比宽阔处更强。

如何避免：高层建筑物越多、体积越大、间距越近，出现“穿堂强风”的概率越大。因此，躲避狂风时，要避开高层建筑之间的狭长通道。

2. 广告牌、户外车棚或者枯树很容易被狂风摧毁，对行人造成危险。

如何避免：在户外遇到狂风，要一边留意周围情况（广告牌等高空坠落物），一边迅速转移到安全的地方。

3. 阳台上的花盆等杂物被风吹落，砸伤路人。

如何避免：窗台或阳台上的花盆移到室内，以防吹落。

·安全提示·

☒ 跑到大树下躲避。
☑ 立即进入比较坚固的建筑物躲避。

大风天尽量减少外出，必须外出时，应远离大树，避免树枝折断被砸伤。

☒ 抱住看似坚固的电线杆。
☑ 强风来时，匍匐在低洼处或蹲下，用双手、双臂抱住头部。

大风天在电线杆附近逗留，可能会被刮断的电线伤到。

☒ 靠近窗户，看室外的狂风。
☑ 用胶布加固玻璃窗，远离门窗。

大风可能会把门窗玻璃击碎，所以应该远离。

紧急避险·小口诀·

狂风动向要注意，
加固门窗并紧闭。
屋外物品要收拾，
以防坠落砸伤人。
外出要走空旷地，
远离电杆广告牌。
一旦路上遇风雨，
躲进室内最可取。

小贴士 狂风来临前能做些什么？

1. 准备手机移动电源、照明设备。
2. 准备饮用水和生活用水。
3. 准备充足的食物及少量现金。
4. 车辆提前加满油，停在安全的地方。

沙尘暴来了怎么办？

明明是白天，为什么昏天黑地的啊！
天气预报说今天有沙尘暴！
别担心，我有装备！
我也有。
妈妈，有东西在追我！
垃圾袋而已！
天哪！怎么会有汽车？啥都看不见！
路边怎么有孩子啊！
妈，鼻子里还是有黑色的脏东西，怎么弄出来啊？
喷一点生理盐水，应该会干净点。

和安全专家聊聊天

小朋友们，沙尘暴的预警信息分为三级，由弱到强分别是黄色预警、橙色预警和红色预警。当沙尘暴来临时，我们应尽量待在家里，并注意以下两点：①关好门窗，缝隙处可以用胶带或布条封好；②以洒水、拖地或者使用加湿器的方式清理灰尘，保持室内湿度适宜。

可能发生的危险

1. 暴露在沙尘环境中，尘土很容易导致眼睛发炎，同时易引发呼吸道疾病。

如何避免：沙尘暴天气如果需要外出，应戴好口罩、防风镜或纱巾等防尘用品，并将衣领和袖口系好。

2. 沙尘暴天气时，能见度低，容易引发交通事故。

如何避免：骑车要谨慎，应减速慢行。若能见度差，视线不好，应靠路边下车推行。行人过马路要注意安全，不要贸然横穿马路。

3. 沙尘天气空气干燥，危害人体健康。

如何避免：沙尘天气空气比较干燥，应该多喝水，多吃水果。如果感到不适，一定要及时到医院就诊。

·安全提示·

☒ 沙子进到眼睛里，用手揉。
☑ 应尽快用清水冲洗或滴眼药水。

手上有很多细菌或病毒，用手揉眼睛可能会造成结膜发炎。

☒ 沙尘暴来了，没有口罩，快速跑回家。
☑ 可用衣服遮住口鼻，慢速前行，注意安全。

沙尘暴天气能见度降低，行人要远离机动车道，行车要注意开启大灯、雾灯、危险警报灯等。

☒ 沙尘暴天气，从外面回到家后，马上喝水或者吃饭。
☑ 立即脱掉脏衣服，及时洗手洗脸。

沙尘暴中的烟尘与粉尘携带着大量细菌，如果不及时清洗，会侵入人体，影响身体健康。

紧急避险 ·小口诀·

出门必须看天气，
沙尘天气要警惕。
戴口罩，护眼睛，
避免沙尘伤身体。
走路慢行避车辆，
遇到杂物要躲避。
回家及时洗手脸，
多多补水促代谢。

小贴士 在沙尘暴中迷路了怎么办？

1. 不要慌乱，不要乱跑，用衣服遮住口鼻。
2. 找到最近的住宅或商铺，进去躲避。
3. 等待沙尘暴天气好转后，再出门寻找路线。

暴雨来了怎么办？

哇！妈妈，为什么房间会有水？
发洪水了，快起来！
绳索、手电筒、手机、食物和水是必备品。
那我可以带些巧克力吗？
当然可以！
下面都是水，快上楼顶！
妈妈，我害怕。
救援人员很快就会来的！
妈妈，我有点冷。
包里有保暖的衣服，快换上！

和安全专家聊聊天

小朋友们，为什么城市会出现内涝呢？一方面，城市里有大量的硬质路面，如柏油路、水泥路，这些道路路面的渗透性不太好，降水量过大就容易形成路段积水；另一方面，城市中高楼林立，平常依靠城市排水系统排水，遇到大暴雨时，排水系统无法负担，就会出现城市内涝。

可能发生的危险

1. 洪水来了，舍不得丢下财物，错失避险的良机。

如何避免：只携带必备物品，如手电筒、水、食物等。再珍贵的财物和生命比起来一文不值。

2. 洪流冲走井盖，看不清路面，很容易掉进下水道。

如何避免：躲避时仔细观察路面，千万不要靠近有旋涡的地方。

3. 洪水漫进房间，电路浸泡后出现漏电。

如何避免：洪水漫进房间，要立即关闭总电源，并远离进水的电器。

·安全提示·

☒ 开门后，习惯性地往楼下跑。

☑ 保持镇定，往高处转移。

如果洪水很急，建议往高处避难，如高楼楼顶。

☒ 不知道该去哪儿，关好房门，待在家中。

☑ 利用游泳圈、木板、澡盆等物品逃生。

洪水可能会淹没房间，所以要迅速转移。

☒ 带上自己的贵重物品在洪水中逃生。

☑ 不要去管贵重物品，如果时间充足，带上饮用水、食物和几件御寒的衣物。

要将生命安全放在首位。相比贵重物品，饮用水、食物和御寒衣物更重要。

紧急避险·小口诀·

洪灾来了要自救，

转移高处莫迟疑。

备食物，穿暖衣，

保存体力等救援。

洪灾猛，要撤离，

木板水盆来浮游。

手电筒，发信号，

告知方位很重要。

小贴士 被洪水围困在建筑物上怎么办？

1. 被困时，要注意房屋是否有因为洪水浸泡而坍塌的可能性，如果可能坍塌，马上向安全处转移。
2. 备好木板、澡盆、大桶等逃生工具，利用通信设备联系救援人员。
3. 应及时挥动鲜艳的衣物，或者利用手机照明发求救信号，以便让救援人员更快发现自己。

山洪来了怎么办？

快跑，山洪来了！
我怎么听到有人在朝我们喊？
听不清，管他呢。
我要吞噬一切。
好像远处有什么东西过来了。
不要管包了，快跑！
妈妈。
我是能摧毁一切的山洪！

和安全专家聊聊天

2022 年 8 月，四川省的彭州龙门山龙漕沟突发山洪，多名游客瞬间被冲走。小朋友们，河道中间是非常危险的，不能随便去。尤其是没有开发的野外景点和水坝周边，这些地方通常缺乏安全设施和救援人员，一旦遇到危险，很难及时得到救助。因此，我们要在家长的监护下，在安全的地方玩耍，保护好我们的生命安全。

可能发生的危险

1. 山洪突发性强，10 秒内水位就能上涨 50 厘米。

如何避免： 不知险犯险，不心存侥幸，绝不去可能出现山洪的河道等地玩耍。

2. 引发泥石流、山体滑坡和崩塌。

如何避免： 往两侧安全的高处转移，同时应注意避免山体滑坡、落石的伤害。

3. 山洪来势迅猛，被洪水包围或冲走，极难援救。

如何避免： 山洪迅猛，要立刻去高处避险，挥舞颜色鲜艳的衣物或大声呼救引起救援人员注意。

·安全提示·

☒ 先抢救自己的物品。
☑ 马上撤离河道，不要拿任何东西。

生命高于一切。

☒ 顺着山洪往下游跑，与山洪赛跑。
☑ 选择就近安全的路线沿山坡横向跑开。

千万不要顺山坡往下跑或沿山谷出口往下游跑。

☒ 心存侥幸，等待水流过去。
☑ 迅速撤离最安全。

山洪一旦暴发，强度超乎想象，重型卡车在山洪面前像纸做的玩具。

紧急避险 ·小口诀·

山谷纳凉不可取，
陡坡河道要远离。
山洪暴发高处走，
上游下游不能去。
不要幻想等水过，
第一时间速撤离。
被水围困莫慌张，
积极自救等救援。

小贴士

如果被洪水包围了怎么办？

1. 设法尽快与当地政府防汛部门、应急管理部门取得联系。
2. 不得已时，寻找漂浮物自救。

雷电来了怎么办？

快看，天空一闪一闪的。
那是打雷闪电，我们快走！
哥哥，我们在树下躲一躲吧。
打雷时，树下最不安全了，快回家！
离窗户远一点，不然容易被雷劈。
哥哥，闪电开花了。
在屋里也会被雷劈到吗？
有可能，所以要远离金属包边的窗户。
雷电来了，还可以看电视吗？
不可以！雷电来了要关闭电源。

和安全专家聊聊天

小朋友们，雷电是伴有闪电和雷鸣的一种雄伟壮观而又有点令人生畏的放电现象。当雷电在我们活动区域上方出现时，要关好门窗，关闭用电设备，同时不要接听手机，不要使用太阳能热水器，不要在阳台的铁管或铁丝上晾、收衣服。在室外活动时，不要使用金属伞骨和伞柄的雨伞，立即寻找庇护场所。

可能发生的危险

1. 雷电可产生强大的电流，瞬间通过人体时，会造成极大的伤害。

如何避免： 摘下身上的金属架眼镜、手表等金属制品，远离铁栅栏、金属网。

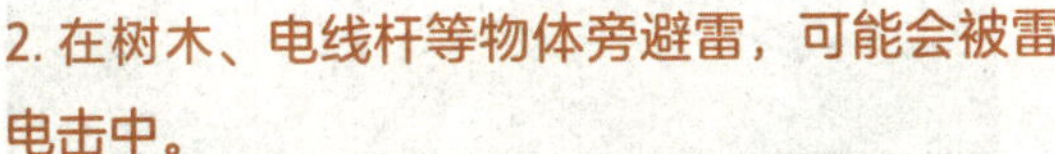

2. 在树木、电线杆等物体旁避雷，可能会被雷电击中。

如何避免： 避雷时，绝不躲在大树、电线杆、变压器等导电性强的物体下。

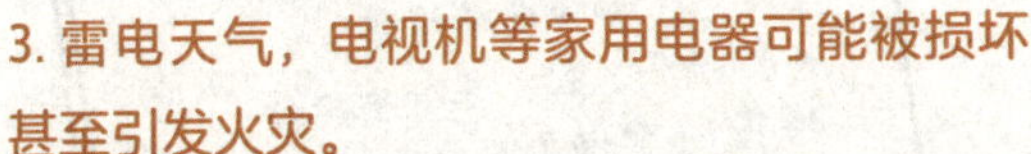

3. 雷电天气，电视机等家用电器可能被损坏甚至引发火灾。

如何避免： 当雷电击中户外的高压电线后，电压电流会瞬间增大，极易损害家用电器。雷电天气要关闭家用电器的电源。

·安全提示·

☒ 在家里看电视。

☑ 关好门窗、关闭电视机并切断电器电源。

雷电天气，应拔掉电源插头，防止雷电沿电线进入室内。

☒ 在空旷地方打着伞，快速奔跑。

☑ 尽量不要跑动，就近选择建筑物躲雨。

在外遇到雷雨天气，要寻找安全的地方躲避，以免被雷电击中。

☒ 打雷了，骑着自行车赶路回家。

☑ 下车，寻找安全场所躲避。

自行车容易导电，可能会被闪电击中。

紧急避险 ·小口诀·

刮风下雨少出门，

雷电出现易伤人。

避雷别往树下站，

铁塔电杆容易断。

打雷家中更安全，

关好门窗断电源。

手机关机放一边，

避雷要点记心间。

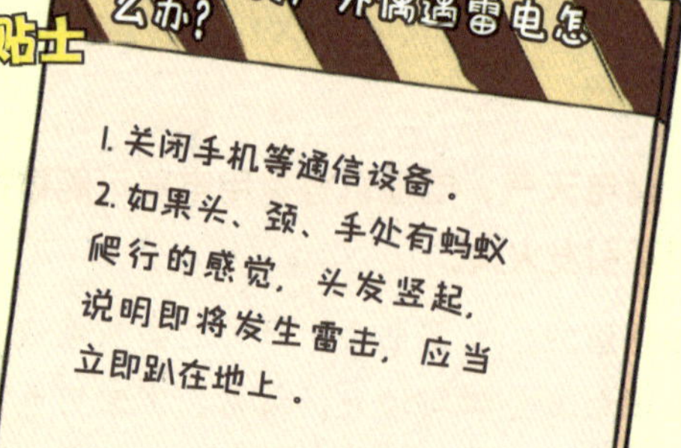

泥石流来了怎么办？

妈妈，为什么小溪变浑了，还有这么多小树枝。
看，这两块大石头缝里，也冒出水了。
山里就是这样的，别喝小溪的水哟。
爸爸，石头突然裂开了。
有些不对劲，地底下好像在打雷。
地在动！
泥石流来了！
泥石流怎么只追我啊？
往两边跑，不要跟泥石流赛跑！

和安全专家聊聊天

小朋友们，泥石流的发生有三个条件：①大量降雨；②生态环境差，有大量乱石和沙土；③山间或沟谷地形。在山高沟深、地势陡峭的地方，遭遇连续强降雨，就可能形成泥石流。另外，山区降雨具有很强的局部性，山下晴天时，山上不一定也是晴天，因此不能根据局部的天气状况判断山上会不会发生泥石流。

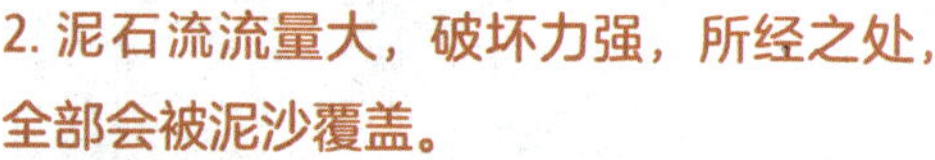

可能发生的危险

1. 泥石流主要发生在山谷坡地、渠道和河流的岸坡。

如何避免：不在大雨后、阴雨天进入山区沟谷，选择平整的高地作为营地，不要在山谷和河沟底部扎营。

2. 泥石流流量大，破坏力强，所经之处，全部会被泥沙覆盖。

如何避免：在山坡附近游玩时，当地面出现裂缝或者远处山谷传来打雷般的声响，可能是泥石流将至的征兆，要尽快离开。

3. 泥石流里混合着大量的石块和泥沙，人被卷入后根本无法呼吸。

如何避免：泥石流发生的时候，要尽力往泥石流两侧跑。如果无法逃离，尽量躲避在结实的障碍物下，用衣物裹住头部，保护好头部。

·安全提示·

☒ 沿着山谷向上或者向下跑。
☑ 朝与泥石流方向垂直的两边跑。

往泥石流的上下游跑都会被泥石流带走。

☒ 情急之下，抱紧树木。
☑ 树木也可能被卷走，应该尽快远离。

要镇定，尽快逃出泥石流冲击的范围。

☒ 跑到高处后看热闹、拍照。
☑ 敬畏自然，远离危险。

虽然泥石流两边的高处相对安全，但不是绝对安全。

紧急避险·小口诀·

进山之前看天气，
露营不选低洼地。
暴雨后，泥石流，
危险之地是下游。
撤离别往沟里走，
垂直方向上山头。
避开滚石和大树，
切勿拍照和逗留。

小贴士 泥石流来了怎么办？

1. 立刻向山坡两侧的上方跑；
2. 不要以为泥石流已经过去，就回到原地；
3. 不要自己营救遇险者，应拨打119救援电话。

路面塌方怎么办？

是地面在动，还是我在动？
地面要坍塌了，快往两边跑！
天哪，太可怕了！
可能再次塌陷，别靠近。
大家都离远一点！
喂，这里的地面塌方了，位置是 XX 路。
在塌方点旁边设置障碍物。
路面坍塌
警察
POLICE

和安全专家聊聊天

小朋友们，如果遇到道路塌方，首先要冷静下来，远离塌陷的区域，保证自己的安全。如果被困在塌陷区域，不要害怕，大声呼叫，等待救援人员。在等待救援期间，要尽可能地保存自己的体力，不要试图攀爬，因为周围很有可能出现再次塌方。

可能发生的危险

1. 遇到塌陷不要围观，警惕二次塌陷。

如何避免：塌陷路面内部结构非常复杂，可能会有电缆、热水管道、燃气管道、防空洞等，切勿盲目施救。

2. 导致附近的行人坠入地坑。

如何避免：如果掉入塌方的地坑，先清除头部、胸部附近的碎石杂物，再用手清理出胸口的空间，保障呼吸畅通，保存体力，等待救援。

3. 塌方损害地基结构，可能会导致附近的建筑物大面积坍塌。

如何避免：遇到塌方，第一时间反方向远离，千万不要犹豫或原地逗留。

·安全提示·

☒ 慌乱中毫无方向地乱跑。
☑ 看清塌方的方向，反方向逃走。

如果遭遇塌方，先判断方向，马上朝反方向跑开。

☒ 从塌陷的旁边绕过去。
☑ 反向离开，远离塌陷的区域，保证自己的安全。

塌陷区域附近非常危险，可能发生再次坍塌。

☒ 有人掉进去，急忙上前营救。
☑ 如遇行人被埋，即刻拨打 119 求救，不要盲目靠近塌陷区域。

保证自身安全，科学施救。

紧急避险 ·小口诀·

路面塌方无征兆，
反向逃走不惊慌。
不要驻足看热闹，
附近可能再塌方。
若坠落，等救援，
双手抱头防砸伤。

小贴士 掉进塌方的裂缝怎么办？

1. 保持冷静，不要试图攀爬。
2. 捂住口鼻，减少吸入污泥尘土。
3. 敲击水管，制造声响求救。

冰面裂开怎么办？

哈哈，看我滑得多快啊！
湖面结冰了。
我也想进去玩。
啊！！！冰面裂开了。
冰裂了，怎么办？
孩子们，快趴下，张开手臂！
要去正规的溜冰场溜冰呀！

和安全专家聊聊天

小朋友们，看上去很结实的冰面，有时可能突然裂开。实际上，凭借肉眼，我们很难看出冰面结实与否。河水的流向、风向和阳光照射情况，都会影响冰层的厚度，所以，为了自身安全，要去正规的滑冰场所滑冰。

可能发生的危险

1. 冰面光滑、易碎，冰面上极易摔伤。

如何避免：①不去滑野冰；②滑冰一定要准备全套护具。

2. 冰面还未冻实，人走过后，冰面可能会裂开。

如何避免：千万不要惊慌乱跑，先趴下，扩大身体和冰面的接触面积，减小对冰面的压力，慢慢爬向岸边。

3. 冰面有的地方是破裂后再冻上的，这种冰面从外表看上去结实，但其实非常危险。

如何避免：坚决不滑野冰，即使有家长陪同也不行。

·安全提示·

☒ 惊慌失措，在冰面上奔跑。

☑ 双臂向前，尽可能趴在冰面上，增大受力面积。

在裂开的冰面上奔跑更容易增大冰面压力，加快冰面崩塌。

☒ 落水后，双手乱扑乱打。

☑ 双手伏在冰面上，双足打水，使全身呈俯卧姿势。

乱扑乱打会使冰面断裂的面积加大，所以尽量保持镇静。

☒ 同伴掉入水中，伸手去拉。

☑ 向成年人求助，寻找木棍或绳索扔给落水同伴。

不要贸然进入水中营救，应该大声呼喊，请大人前来营救。

紧急避险 ·小口诀·

冬季冰面藏危机，
切勿打闹溜野冰。
咔嚓一声裂了缝，
匍匐爬行别跑动。
如果掉进冰窟窿，
攀住厚冰寻自救。
一旦爬出冰窟窿，
四肢爬行或滚动。

小贴士

冰面裂开，掉进冰窟窿怎么办？

1. 不要惊慌，细心观察四周破裂的冰面，找到冰面最厚且裂纹少的部位。
2. 攀住最厚的冰面，避免身体沉入冰水之中。
3. 通过双足打水，使身体上浮，全身呈俯卧姿势登上冰面。
4. 离开冰窟窿后，在冰上滚动或爬至岸边再站立。

下雨被困车里怎么办？

别怕，我看到有人拿工具来救我们了！
呜，车门打不开了。
你拿木头锤有用吗？
情况紧急，手边只有这个。
快，用锤柄砸车窗的四个角！
原来车玻璃的四个角最脆弱。
车窗脆弱处
太好了，得救了，谢谢你们！
不要乱动，等我们回来。

和安全专家聊聊天

小朋友们，暴雨天气时，如果水淹没了一部分车轮，车辆出现漂移、打滑、不受控等状况，说明水深已经到了影响汽车安全的程度。如果这时候户外还下着暴雨，最好的选择就是弃车离开，先保证自己的生命安全。

可能发生的危险

1. 路面迅速积水，撤离不及时，被困车内。

如何避免： 当车轮被淹没 1/3 后，如果雨势不减，应尽快将车辆停在路边，弃车离开。

2. 被困在密闭的车内，因氧气不足，很容易昏迷甚至窒息。

如何避免： 汽车安全锤是非常重要的安全工具，可以在紧急情况下帮助车内人员逃生。

3. 如果车辆泡在水中，电子系统和电线可能会短路，当人员接触到金属车身时，极易触电。

如何避免： 被积水困住后，应抽出钥匙，切断电源，尽快离开车内。

·安全提示·

☒ 遇到暴雨积水路面，在车内犹豫观望。

☑ 水位超过车轮的 1/3 时，应弃车逃离。

暴雨时，水位上涨的速度超乎想象。

☒ 寻找车内值钱的财物后再离开。

☑ 第一时间撤离，人身安全最重要。

撤离的黄金时间只有短短的十几秒。

☒ 用安全锤胡乱敲砸车窗玻璃中间。

☑ 用安全锤敲击车窗玻璃的四个角处。

如果车窗玻璃贴了膜，敲出裂缝后用脚踹开车窗玻璃。

☒ 离开车后，赶紧往前冲。

☑ 留意路面的下水道井盖，警惕马路边的电线杆或者灯箱漏电。

在积水中感觉脚麻木时，可能就是遭遇漏电，最好单脚跳离漏电范围。

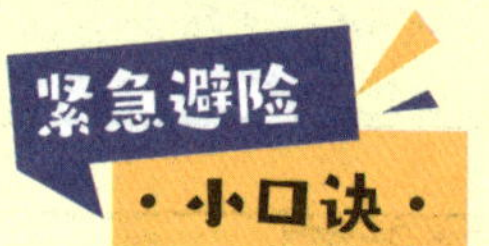

天气预报有预警，

特大暴雨不出门。

开车积水别犹豫，

漫过车轮速撤离。

车内必备安全锤，

车窗四角猛力击。

离开车后不要慌，

漏电险情要留意。

小贴士

被困车内，如何利用网络求援？

在朋友圈、小区群、学校群或社交平台发送自己的位置、车辆信息和电话号码，增加被救的概率。

暴风雪来了怎么办？

哇，下雪了！喊乐乐去打雪仗！

老师通知，暴风雪来了，学校停课，咱们也不能出去玩。

乐乐，短信提示暴风雪红色预警，你不可以出去玩。

我们只是在家门口玩，又不走远，应该没事吧。

乐乐真没劲，我一个人去堆雪人。

小朋友，暴风雪来了可不能出来玩，太危险了。

防滑

太吓人了，看来暴风雪天气还是要待在家里。

和安全专家聊聊天

小朋友们，雪和暴风同时出现时，就会变成可怕的暴风雪。大范围的暴风雪会导致房屋倒塌，道路受阻，日常的学习和生活都会受到影响。当我们收到暴风雪来袭预警时，应尽量减少外出，待在家里。同时，提醒爸爸妈妈准备好取暖设备和防寒的衣物，并储备足够的食物和水。

可能发生的危险

1. 大雪后的屋檐或高处凝结很多冰凌，这些冰凌非常尖锐，随时可能掉落。

如何避免：暴风雪过后，如果必须外出，要小心观察屋檐下的冰凌，绕道通过。

2. 在冰雪覆盖的地面玩耍，容易滑倒摔跤，意外受伤。

如何避免：尽量在室内玩耍，如果必须外出，要穿上防滑的鞋子或套上防滑鞋套。

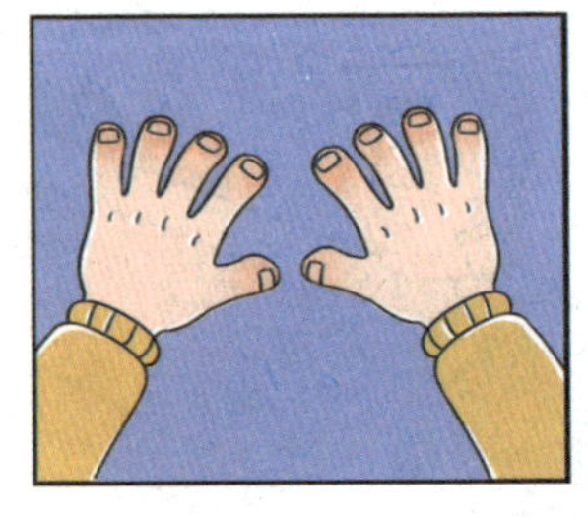

3. 长时间在低温环境下玩耍，容易被冻伤。

如何避免：暴风雪过后外出玩耍，要做好从头到脚的保暖措施，以免在户外受凉或冻伤。

·安全提示·

☒ 在雪地上骑自行车。
☑ 推着自行车步行。

雪天骑车容易侧滑，极易发生事故。

☒ 在雪地里玩热了，就脱掉外套。
☑ 待进入室内后，再脱掉外套。

出汗后脱掉外套很容易受凉感冒。

☒ 在上下学的路上嬉戏打闹。
☑ 观察路面情况，小心行走。

由于雪的覆盖，道路上许多“陷阱”会被遮住，因此，要注意避开井盖、深沟等。

紧急避险 ·小口诀·

暴雪天，人慢跑，
背着风向别停脚。
身体冻僵无知觉，
千万不能用火烤。
温水浸泡血循环，
慢慢温暖才见好。

小贴士 手被冻伤后怎么办？

1. 在户外时，可以把冻伤的手放在腋下。
2. 回家后用温水浸泡或者用温毛巾覆盖冻伤处。
3. 如果冻伤严重，要及时去医院就医，让医生帮忙处理。

中暑了怎么办？

太热了，我要歇一会儿！
你这一路歇了三回了，比猪八戒还懒。
我头好晕，口也好渴啊。
你怎么了，别吓我们啊！
先在树荫下休息，给你扇扇风。
我带了加盐的热水，你喝一点。
我头越来越疼了，还想吐。
我爸爸马上来公园接我们了。
我们送你去医院。

和安全专家聊聊天

小朋友们，在炎热的夏天，如果长时间在太阳下暴晒，身体内就会积蓄大量的热能，时间长了，人体的体温调节中枢就会发生障碍，出现中暑。中暑者应转移到阴凉通风的地方，躺下休息，解开腰带和衣扣，可以用凉水浸透的毛巾敷在头上，帮助降温。轻度中暑者清醒后，可以喝一些含盐的白开水。如果中暑严重，应该立刻送往医院救治。

可能发生的危险

1. 头痛、头晕、口渴、多汗、全身疲乏、心悸、注意力不集中、动作不协调等症状可能是中暑先兆。体温在 38℃以下。

如何避免： 及时转移到阴凉通风处，补充水和盐分。

2. 轻度中暑者的体温在 38 ~ 39℃，并出现胸闷、气短、恶心、呕吐等症状。

如何避免： 及时离开高温环境，转移到阴凉通风处，解开衣物透气；补充含盐清凉饮料；物理降温，如扇风、冷水擦拭等。

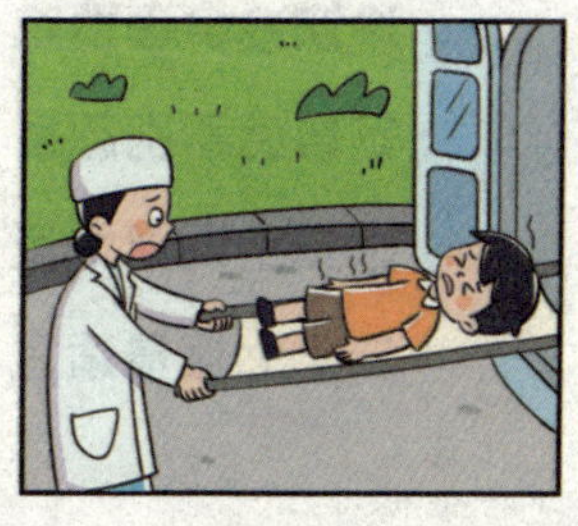

3. 体温达到或高于 40℃，并出现昏迷、抽搐症状则是重度中暑。

如何避免： 拨打 120 急救电话，迅速到医院就医。

·安全提示·

☒ 高温天气，外出玩耍。

☑ 选择室内或阴凉处玩耍。

盛夏外出玩耍前，可以先看看天气预报的户外温度，尽量不要中午出去，谨防中暑。

☒ 暴晒后感觉头晕口渴，大口喝冷饮。

☑ 多次少量补充淡盐水，适当吃些消暑的食物。

冰凉的液体会刺激胃黏膜，引起肠胃不适。

☒ 感觉中暑，迅速冲回屋内，对着空调直吹。

☑ 应采用逐渐降温的方式，让身体缓慢散热。

身体突然从极热到极冷，很容易引发空调病。

酷热天气暑难挡，
预防中暑不能忘。
出门戴上遮阳帽，
疲劳出汗找阴凉。
冷饮冷食谨慎吃，
肠胃感冒别忽视。
睡觉空调莫太低，
二十七度最适宜。

小贴士

同伴中暑后怎么办？

1. 立即将其转移到通风阴凉处，平躺，解开衣领。
2. 喂其一些含盐分的清凉饮品，并为其扇风。如果情况较为严重，马上通知大人或者打 120 求助。

雾霾天来了怎么办？

今天天空灰蒙蒙的，雾霾太严重，最好不要出门。
已经和同学约好了，我会做好防护的 。
感觉像在腾云驾雾。
我在这儿！
你今天穿得像花儿一样！
为了显眼，这种天气，我怕别人看不见。
小心！
感觉喘不过气了。
雾霾里有重金属，下次还是别出门了。

和安全专家聊聊天

小朋友们，影响冬季雾霾天气的主要因素是冬季气团干冷，不容易形成降水，而且冬季某些时候近地面的大气温度比上层大气温度低，形成上暖下冷的“逆温”现象，空气对流慢，污染物积聚，很难扩散。

可能发生的危险

1. 细小的灰尘颗粒和重金属进入呼吸道并黏附在肺泡上，容易引起肺部疾病。

如何避免：尽量不外出，在家里使用空气净化器净化室内空气。

2. 户外运动少，紫外线照射不足，影响生长发育。

如何避免：补充维生素D，食品中增加肉蛋奶等蛋白质摄入。

3. 由于空气质量差，能见度低，交通隐患增多。

如何避免：出行时，最好选择公共交通工具出行；走路时，应小心慢行，切勿横穿马路。

·安全提示·

☒ 早上起来，开窗通风。
☑ 关好门窗，打开空气净化器。

开窗会让空气中的细小颗粒进入室内，影响人体健康。

☒ 不戴口罩就出门。
☑ 雾霾天尽量不出门，如果需要出门应佩戴防雾霾的口罩。

防雾霾口罩能有效防止空气中的 PM2.5 对人体的危害。

☒ 进行高强度的户外运动。
☑ 暂停户外运动。

高强度运动时，呼吸节奏加快，吸进的有害气体会比平常多好几倍。

紧急避险·小口诀·

冬季潮湿天气凉，
有害颗粒雾霾藏。
少去户外玩游戏，
正确有效戴口罩。
室内门窗全关闭，
若有不适快就医。

小贴士

窗外雾霾遮天怎么办？

1. 关门关窗，不让雾霾进屋。
2. 尽量减少外出和户外活动，如若外出应做好防护。
3. 室内适当运动，增强抵抗力。

冰雹来了怎么办？

天上下冰球了！
哎哟，你砸我干什么？
我才没砸你！
哎呀，好痛呀！
拿书包挡一挡！
这冰雹真不小！
这冰雹砸得真疼啊！
幸好跑得快！
玻璃碎片砸到我了，好疼啊！
哎呀！窗户玻璃被砸破了！

和安全专家聊聊天

小朋友们，夏季天气炎热，地面产生大量的湿热空气，湿热空气上升遇到高空中的冷空气，迅速凝结成小冰珠。这些小冰珠在云层里滚来滚去，吸收云层里的水滴，逐渐变成了大冰球。云层托不住的时候大冰球就落下来，形成冰雹。

可能发生的危险

1. 被冰雹砸伤，甚至危及生命安全。

如何避免：突然遇到冰雹的袭击，一定要迅速进入室内或到坚固的遮挡物下躲避。

2. 遮挡司机视线，出现交通事故。

如何避免：记得提醒爸爸妈妈，遇到冰雹最好把车靠边停下，等冰雹过后再上路。

3. 损坏房屋、砸坏路灯，对人们造成二次伤害。

如何避免：突遇冰雹时，要观察四周是否有容易掉落的危险物品，并远离窗户等玻璃制品。

·安全提示·

☒ 觉得下冰雹很有趣，出去捡冰雹或者拍照。

☑ 在室内躲避，等冰雹过后再出门。

不要小看冰雹的威力，冰雹相当于无数个高空坠物。

☒ 在窗边观看户外下冰雹。

☑ 远离窗户、天窗等玻璃制品。

冰雹可能会砸破窗户玻璃。

☒ 在室外遇到下冰雹，迎着风快速前行。

☑ 迅速进入室内或到坚固的遮挡物下躲避。

如果没有合适的遮挡物，可以背着风蹲下，双手抱头，保护头部等不受冰雹袭击。

紧急避险 ·小口诀·

出门看天气，

冰雹要注意。

雹来勿停留，

迅速找掩体。

小贴士

户外突遇冰雹，怎么办？

1. 用书包、书本、外套等挡在头上，优先保护头部。
2. 弯腰低头小步跑，就近躲藏。
3. 躲避时尽量不要选择低矮的屋棚或树下。

海啸来了怎么办？

还是海边舒服！

哗啦！

大海啊，故乡！

你们听，海笑了！

海啸来了？
快跑啊！

我说的是大海的声音！

快往岸边跑！

海啸真的来了？

要跑哪儿去啊？

往高处跑，越高越好！

和安全专家聊聊天

英国一位 10 岁的女孩蒂莉在泰国普吉岛度假时，发现海水后退速度异常快，许多海生动物留在浅滩，远处也出现了白色的巨浪。她判断这是海啸的前兆，迅速动员家人和游客撤离。很快，巨浪吞没了沙滩，100 多人因为蒂莉得救了。所以，小朋友们，当海水反常地升高或降低，海滩大面积裸露时，千万不要去捡鱼或看热闹，要立即往内陆地势较高的地方撤离。

可能发生的危险

1. 海啸威力巨大，危及人们的生命。

如何避免：当海啸警报响起时，按照救生员的指示，和家人迅速撤离到安全区域。

2. 海啸会冲毁低矮的房屋。

如何避免：应该躲避到坚固的高层建筑上部或地势较高的山坡，海边的平房在海啸面前不堪一击。

3. 海啸过后，各种病菌大量滋生，极易使人感染疾病。

如何避免：保持个人卫生，如果呛进海水，要注意观察呕吐和腹泻情况，及时就医。

·安全提示·

☒ 认为自己离海岸较远，海啸不会冲过来。

☑ 只要听到海啸警报，迅速向安全区域转移。

人多的时候，撤离要谨防踩踏事件。

☒ 慌乱之中去寻找亲人。

☑ 第一时间撤离到安全地带，保护自己，就是在保护家人。

每个人都是自己生命健康的第一责任人。

☒ 海啸第一波冲击过后，觉得安全了，就随意走动。

☑ 等到警报解除后再去寻找家人或同伴。

海啸有时候连续来好几波，一波比一波强。在警报未解除之前，不可以贸然外出。

紧急避险 ·小口诀·

海水异常要警惕，

海啸将到快躲避。

迅速撤到最高处，

人多踩踏要注意。

不幸卷到海浪中，

冷静寻找漂浮物。

保存体力等救援，

互帮互助在一起。

小贴士 海啸落水后如何自救

1. 不要胡乱挣扎，惊慌呼救，而要沉着冷静，先保存体力。
2. 寻找木板等漂浮物。
3. 感到口渴也不能喝海水。
4. 和其他落水者尽可能靠在一起，互相帮助，增加被发现的可能性。

玩耍掉进深坑怎么办？

哇，放暑假来姥姥家玩，开心！
我第一次看到真正的稻田，这里真好玩。
好深啊。
哈哈，有只小青蛙。
上来吧，小青蛙。
你别掉下去了。
豆豆，我去喊人来救你。
别着急，我们来救你了。
村里有很多没有填埋的废弃的地坑和旱厕，你们可千万要小心。
以后再看到坑洞，我们一定离得远远的。

和安全专家聊聊天

小朋友们，如果掉进深坑或地洞，不仅会摔伤，还会因为缺氧而失去知觉。所以小朋友们遇到深坑和地洞，一定要增强安全意识，不要盲目前去“探险”。如果不小心掉下去了，要保持冷静，不要大喊大叫，减少体力消耗，可以在深坑或地洞里找石块或树枝，发出求救信号，等待救援。

可能发生的危险

1. 掉下坑洞，可能导致摔伤甚至危及生命。

如何避免：在乡村田垄或野外，看到坑洞，及时绕行。

2. 掉进坑洞后，没有被人及时发现。

如何避免：不要独自前往不熟悉的野外闲逛。如果不小心掉进坑洞，要及时发出求救信号，保存自己的体力，等待救援。

3. 掉进坑洞后被困住，因为缺氧，逐渐失去知觉。

如何避免：发现坑洞要迅速远离，之后告诉大人，让大人填埋处理。

· 安全提示 ·

☒ 去户外游戏时，放下戒备，随意奔跑。

☑ 仔细观察周围环境，避开被杂草或物品遮挡的地方。

有些深坑或地洞没有安全警示标识，上面还可能有杂物或杂草遮挡，玩耍时一定要谨慎，仔细观察周围环境。

☒ 看小伙伴上前，自己也跟上去。

☑ 告诫小伙伴离开，不要在附近玩耍。

如果小伙伴不听劝诫，第一时间告诉大人。

☒ 在自己不熟悉的地方，“探险”的情绪高涨。

☑ 增强安全意识，不去陌生的地方“探险”。

增强安全意识，陌生的地方不去贸然“探险”，对大自然心存敬畏。

紧急避险 · 小口诀 ·

乡村风景虽然好，

周边危险也不少。

废井深坑别好奇，

见到绕开莫寻宝。

小贴士

掉进深坑或地洞怎么办？

1. 如果身体受伤流血，先要包扎伤口，止血。
2. 深坑或地洞下方缺氧，切忌哭闹，要保持冷静，保存体力。
3. 察看周围环境，利用一切可利用的物品制造噪声，寻求救援。
4. 在坑底寻找泥块石子，向坑外抛出，引起地面上行人的注意。

燃气泄漏怎么办？

怎么有股臭鸡蛋的味道？
是你脚丫子的味道吧！哈哈！
我去厨房看看！
闻着有点儿晕，你去厨房看看。
灶台上有股味道。
我去开窗户。
妈妈，厨房里有怪味。
已经修好，没事了。
表扬小朋友，发现得很及时！

和安全专家聊聊天

小朋友们，如果在家中突然闻到臭鸡蛋味，或者燃气泄漏装置鸣笛报警了，赶紧离开房间，然后呼叫大人帮助，让大人关闭家中燃气阀门，并开窗通风。记住，不要在家里开灯或打电话，以免微小的电火花引发爆炸。

可能发生的危险

1. 室内燃气泄漏会造成火灾。

如何避免：厨房安装燃气泄漏报警器，最好放在天花板下 30~40 厘米位置，因为燃气是气体，如果泄漏会先在顶部聚集。

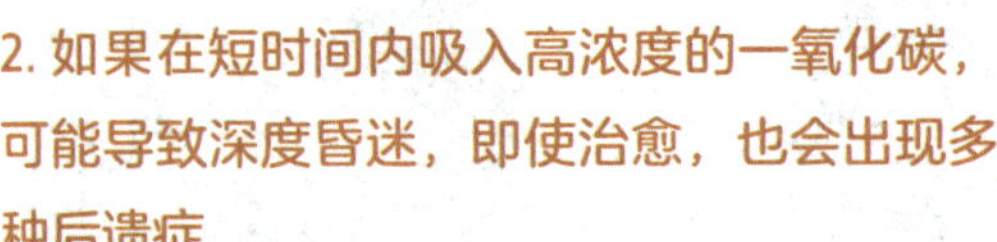

2. 如果在短时间内吸入高浓度的一氧化碳，可能导致深度昏迷，即使治愈，也会出现多种后遗症。

如何避免：开门、开窗通风，用湿毛巾捂住口鼻，减少一氧化碳的吸入量。

3. 燃气泄漏会引发爆炸，危及生命财产安全。

如何避免：在燃气泄漏的房间，不要触碰任何电源开关或电器设备，不要打电话，杜绝一切可能产生火花的行为。

· 安全提示 ·

☒ 闻到异味后，开灯检查。
☑ 迅速开窗，并检查燃气阀门是否关闭，不要开关灯或者使用电器。

电器打开的瞬间会产生火花，可能引起爆炸。

☒ 在室内等待检查人员上门。
☑ 打开窗户通风后，不要在室内逗留。

室内即使已经通风，也有潜在危险，尽快撤到室外安全区域再通知大人或报警。

☒ 把抽油烟机打开，想抽走燃气。
☑ 杜绝一切可能产生火花的行为。

排气扇也是通电的，高浓度的燃气可能会瞬间爆炸。

紧急避险 · 小口诀 ·

燃气泄漏不要慌，
快关阀门速开窗。
电器设施勿开启，
远离家中再报警。

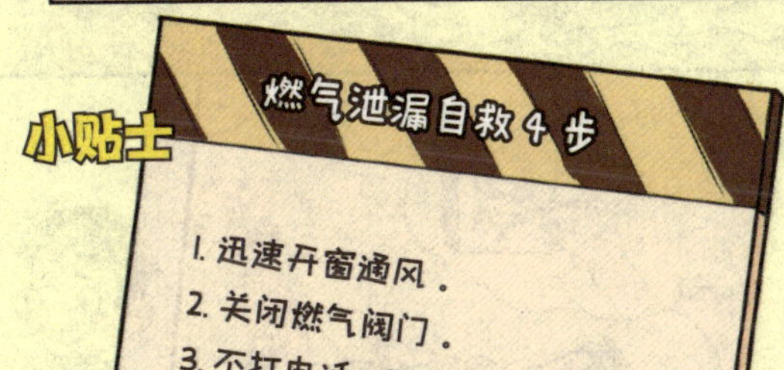

小贴士

燃气泄漏自救 4 步

1. 迅速开窗通风。
2. 关闭燃气阀门。
3. 不打电话、不点火、不用电器。
4. 跑到户外安全的地方再报警。

触电了怎么办？

没电啦，等我充会儿电再来和你们大战一场！
那边就有插座。
咦，怎么插不进去啊，是不是里面有什么东西堵住了？
再离近一点儿，我就能出来了！
啊！
危险，住手！
爸爸妈妈，救命！
开
关
有人触电时，我们应该：
1. 关掉电源。
2. 用干衣物把触电的小伙伴拉出来。

和安全专家聊聊天

小朋友们，电视机、电脑、电饭锅、微波炉、电吹风、落地灯等家用电器的电源插座是不能碰的。一旦我们把手指伸进插座孔里，电流就会瞬间进入人体，灼伤皮肤，伤及内脏和神经，造成无法挽回的伤害。所以，小朋友们千万不要用手指或金属丝抠弄插座孔，也不要用湿手去碰插座；正在使用的电器，不能直接用湿布擦。

可能发生的危险

1. 触电后，轻者会出现恶心、心慌、头晕和短暂的意识丧失等现象。

如何避免：做好预防工作，比如使用带有插座盖的电源插座，并将插座固定在小朋友难以接触到的地方，减少触电事故的发生。

2. 严重触电会导致休克、心脏骤停，甚至死亡。

如何避免：叫来大人，用干燥绝缘的木条、木棍等工具，挑开触电者身上的电线。然后迅速切断电源，拨打急救电话，及时送医。

3. 遇到漏电时，什么防护都没做，直接上手检查。

如何避免：进行漏电检查前一定要戴好绝缘手套，或者找专业的电工处理。

·安全提示·

☒ 把手指、钥匙以及金属物插入插座孔。

☑ 不要触碰插座孔。

通常情况下，家里的插座都是通电的，手指、钥匙、金属物都能导电。

☒ 用湿手、湿毛巾去触摸电源。

☑ 不要用手去触摸电源，更不能用湿手触摸。

如果电器漏电，带电体接触潮湿的皮肤，很容易触电。

☒ 看到同伴触电后，急忙用手去拉。

☑ 把干燥衣服包几层裹在手上，拉触电者的衣、裤，使触电者脱离电源。

不要直接用手去拉触电者，不能因救人心切而忘了自身安全。

紧急避险 ·小口诀·

手湿不要摸电器，

电源插座要远离。

遇人触电急呼救，

安全用电要牢记。

小贴士 在家如何避免触电

1. 不要用潮湿的手触碰电器和电源。
2. 定期检查家里的电线是否开裂、脱落。
3. 请专业的电工维修或安装电器。

烧伤烫伤怎么办？

还给我。

啊！

哎哟，我的手！

快去水龙头下冲！

这么冲能行吗？还是去医院吧！

至少冲 15 分钟再去医院。

我再也不在餐厅跑来跑去了。

和安全专家聊聊天

烧烫伤是一种常见的意外伤害，包括触电烧伤、热烫伤、低温烫伤和化学烧伤。日常生活中，小朋友们稍有疏忽，就有被烧伤烫伤的可能。轻度烧烫伤可能造成小朋友们身体痛苦，重度烧烫伤可能留下疤痕，影响外貌和身体功能，严重的烧烫伤甚至还可能危及生命。

可能发生的危险

1. 被轻度烧烫伤后，皮肤会出现轻微红肿和疼痛。

如何避免：迅速将受伤部位浸泡在冷水中，或用流动的自来水冲洗至少 15 分钟。

2. 严重烧烫伤很容易留下疤痕，治疗过程也很痛苦。

如何避免：如果受伤后出水泡了，不要自己挑破水泡，一来容易感染细菌，二来容易留下疤痕。

3. 大面积严重的烧烫伤会威胁生命。

如何避免：如果烧烫伤面积较大、程度较深，应立即送医院抢救。

·安全提示·

☒ 烧伤烫伤后立刻用冰敷。

☑ 要立刻以缓和、流动的冷水冲15~30分钟，或冲到不痛为止。

烧烫伤后，受损的皮肤已经失去表皮的保护，不可以直接冰敷，以免冻伤。

☒ 将伤口处的水泡挑破。

☑ 等水泡自然消退，或者让医生处理。

完整的水泡泡壁可以隔绝外界的细菌，不要主动挑破。

☒ 在伤口处涂抹牙膏、盐、酱油等。

☑ 冲冷水后的伤口，用无菌纱布覆盖。

牙膏、盐等不仅没有治疗作用，还容易给伤口带来额外的细菌感染。

紧急避险 ·小口诀·

意外烫伤用水冲，

时间至少一刻钟。

衣服粘住勿强脱，

牙膏别往伤口抹。

水泡也别自己挑，

烧伤科里找医生。

小贴士

烧烫伤急救四步

1. 冲：使用凉自来水冲15~30分钟。
2. 脱：不要强行剥脱织物，可剪开衣服。
3. 盖：医用无菌纱布轻轻覆盖伤口。
4. 送：随后立即就医（急诊科/烧伤科）。

发生火灾怎么办？

谁家做饭煳了啊？

这不是煳味，是烟味，着火啦！

快用湿毛巾捂住口鼻！

喂，119 吗？XX 区 XX 街道 XX 小区 X 单元着火了！

趴下，匍匐前进。

是你们报的警啊，做得真好！

叔叔，我爸爸在我们学校参加过紧急逃生演习呢！

和安全专家聊聊天

小朋友们，火灾是当今世界上多发性灾害中发生频率较高的一种灾害。火灾不仅能烧毁房子、烧伤人，还会烧毁森林、污染空气。所以在平时生活中，小朋友们千万不要玩火，也不要玩与火有关的游戏，否则一旦发生火灾，后果将无法挽回。

可能发生的危险

1. 危及财产安全，造成财产损失。

如何避免： 定期检查家里电线的使用情况，一旦发现问题，及时处理；定期检查楼道消防设施，发现损坏要及时告知物业。

2. 造成人员伤亡。

如何避免： 应注意提高防火意识，灶台火不离人。平时消防演练要积极参与，遇见危险及时逃生。

3. 线路安全问题是火灾常见隐患。

如何避免： 充电器不要长时间插在插座上，否则插座持续发热，容易导致短路，从而引发火灾隐患。不要使用老化电线和线路板。

·安全提示·

☒ 遇到火灾后十分慌乱，大声喊叫。

☑ 用湿毛巾或衣服捂住口鼻，小口、缓慢呼吸，尽快逃生。

喊叫会吸入大量有毒浓烟，导致呼吸道烧伤。

☒ 直立奔逃。

☑ 弯腰匍匐前进。

浓烟往往聚集在建筑物中上方的空间。

☒ 利用电梯逃生或躲在卫生间避险。

☑ 不进电梯，不躲卫生间，顺着安全出口和疏散通道逃生。

遇到高温时，电梯厢体容易断电失控甚至变形卡住；且卫生间空间狭窄，会增加救援人员的救援难度。

紧急避险 ·小口诀·

发现火情，
保持镇定。
有序外逃，
匍匐弯腰。
勿入电梯，
改走楼梯。

小贴士 火场逃生要点

1. 少喊叫，用湿毛巾捂住口鼻。
2. 从楼梯逃生，绝不乘坐电梯。
3. 身体尽量贴近地面，防止吸入毒烟。
4. 衣服着火应就地打滚扑灭。

骨折了怎么办？

你要是敢从这个假山上跳下来，我就把漫画书送你！
这有什么难的！
别开玩笑了，这么高！
你小心点儿！
你们看好了！
3，2，1，跳！
哎哟，我的腿好疼啊！
喂，120 吗……
该不会是骨折了吧？
可能是骨折了，你千万别动，我们帮你固定伤口。
不要乱动，救护车马上就来了。
这下你该把漫画书给我了吧？
还在想着书！

和安全专家聊聊天

骨折是儿童容易发生的意外伤害，特别是 6 岁以下的孩子，生性活泼，而骨骼发育还不充分，很容易发生骨折。小朋友们，如果发生轻微骨折，如手指或脚趾骨折，可以去医院就诊。如果发生了严重骨折，那么要在原地等待，不要移动，等救护车救援。

可能发生的危险

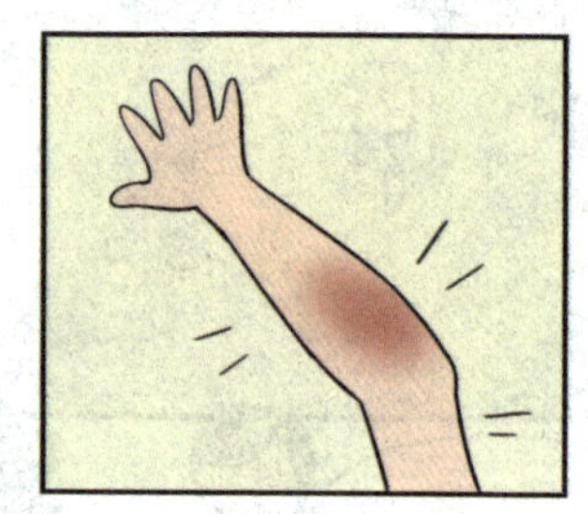

1. 处理不当，导致畸形愈合。

如何避免：不要移动受伤的胳膊或腿，利用身边质地坚硬的材料制作夹板固定伤口，确保夹板要长于受伤的骨骼。

2. 骨折后长时间卧床，肌肉萎缩，行走困难。

如何避免：骨折部位的上、下关节应适当活动，减轻患肢的肌肉萎缩、骨质疏松及关节僵硬的程度。

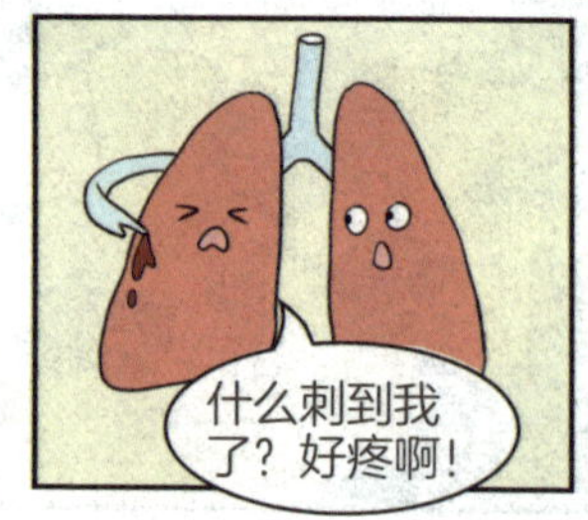

3. 肋骨骨折的尖端刺入内部脏器，引发其他器官的破损。

如何避免：不要移动，拨打急救电话，等待医护人员来救治。

·安全提示·

☒ 不敢告诉父母和老师，强忍疼痛。
☑ 及时告诉大人，立即去医院检查。

若错过最佳治疗时间，骨折会造成错位，严重的还会导致终身残疾。

☒ 疼得打滚，乱动乱喊。
☑ 千万不要乱动，以防断骨错位。

可以先用书本、木板等器具将受伤部位简单固定，再用救护车紧急送医。

☒ 用热毛巾外敷在受伤处。
☑ 拿冰袋敷受伤的部位。

热毛巾外敷会使血管的损伤或肿胀加剧，不利于后期的处理和恢复。

紧急避险 ·小口诀·

摔倒异常疼，
不要随意动。
冷静自检查，
打急救电话。
骨折救治急，
送医不恶化。
石膏钢板护，
康复不落下。

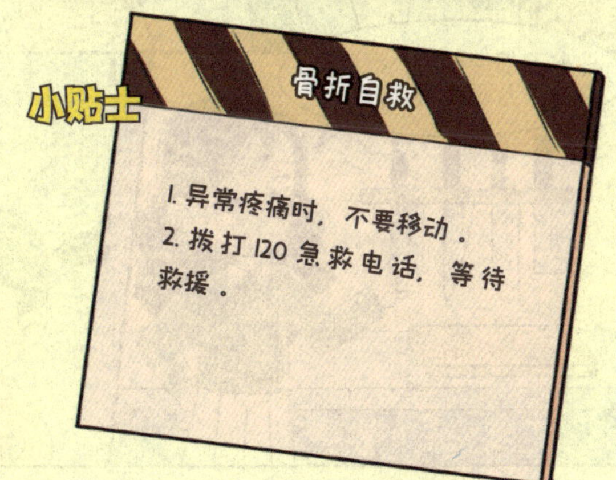

小贴士 骨折自救

1. 异常疼痛时，不要移动。
2. 拨打120急救电话，等待救援。

受伤流血了怎么办？

今天，爸爸妈妈不在家，我们来玩儿真的过家家游戏吧！

怎么玩？

你是小客人，我是小主人，我去给你切点儿水果。

选我，选我！

啊，怎么办，流血了！

快消毒！

还疼吗？

这些刀都很锋利，很危险，以后千万不要碰它们！

和安全专家聊聊天

小朋友们，受伤流血后，怎么处理呢？对于小而浅的伤口首先要止血，可先用生理盐水冲洗，再用干净的纱布压迫止血。如果被脏的或生锈的锐器割伤，或伤口大而深，应及时去医院处理，并接种破伤风疫苗。在就医前要一直保持对伤口的压力，可用干净的纱布压迫伤口，并抬高受伤部位，减少出血。

可能发生的危险

1. 小伤口可能引发破伤风。

如何避免： 家中生锈的锐器，如生锈的剪刀、小刀等，最好及时丢弃，其他尖锐的利器也尽量收好。

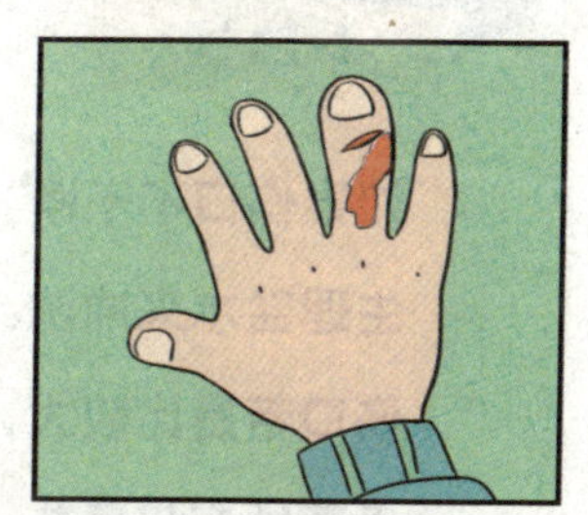

2. 没有护理好伤口，导致伤口发炎，严重时可能要开刀引流。

如何避免： 用无菌绷带或干净的衣服牢牢地压迫伤口，如果直接压迫 5 分钟后仍未止血，需赶快寻求医生的帮助，同时还要继续压迫伤口。

3. 反复挤压、抠挠伤口结痂处，导致疤痕增生，影响外表美观。

如何避免： 伤口恢复时会发痒，这是正常现象，可以通过使用消毒棉签或者消毒棉球轻轻擦拭伤口，起到止痒的作用。

·安全提示·

☒ 流血后，用卫生纸直接覆盖伤口。
☑ 小伤口用创可贴即可。

卫生纸会给伤口清理带来困难。

☒ 将伤口包扎得紧紧的。
☑ 包扎的时候要留有一定的空隙。

伤口的愈合需要氧气。

☒ 每天给伤口换药。
☑ 如果伤口渗出物很少，可间隔 2 天到 3 天换一次药。

换药太勤会使肉芽组织受到损伤，延缓愈合。

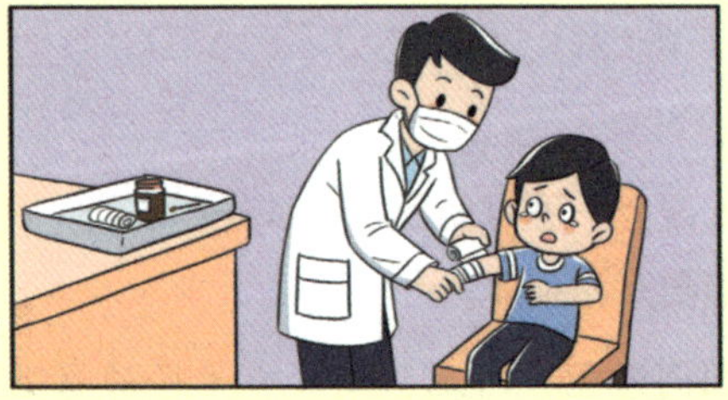

紧急避险 ·小口诀·

如果伤口不干净，
生理盐水来冲洗。
伤口若是比较大，
无菌纱布来包扎。
处理好后急就医，
缝合伤口减少疤。

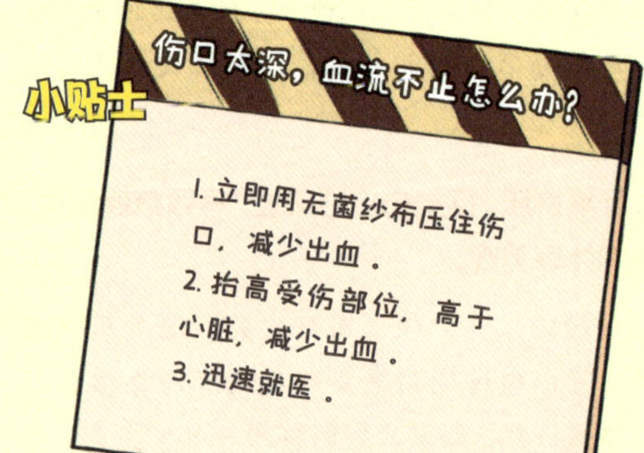

小贴士

伤口太深，血流不止怎么办？

1. 立即用无菌纱布压住伤口，减少出血。
2. 抬高受伤部位，高于心脏，减少出血。
3. 迅速就医。

食物卡喉怎么办？

土鸡腿，吃了跑得快！
这可是野生鲫鱼，好吃。
儿子，吃点青菜。
小聪先吃谁的菜，就最喜欢谁。
我都喜欢。
小聪，这么好吃吗？感动得眼泪都流出来了！
不好！小聪噎着了，快用海姆立克急救法！
吃东西可千万不能急。

和安全专家聊聊天

小朋友们，假如被食物噎住，该怎么办？如果不是遇水发胀的食物或鱼刺，可以小口喝水，尝试把堵塞物咽下去；如果咽不下去，可以用干净的手指触摸舌根，催吐，试着将堵塞物吐出。如果堵塞物很大，可以用海姆立克急救法，给膈肌施加突然向上的压力，驱使肺部残余的气流冲向气管，吐出异物。

可能发生的危险

1. 被食物卡住，无法正常呼吸。

如何避免：吃东西不要太快，如果食物较大较硬，不要强行吞下，要先咀嚼，否则很容易被卡住。

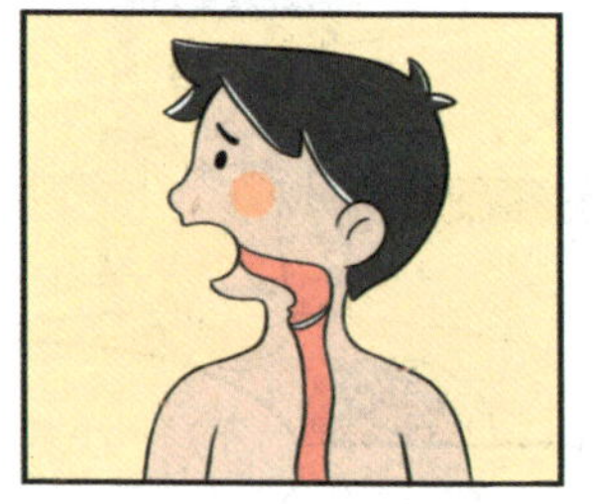

2. 尖锐鱼刺会刺穿咽黏膜，引发脓肿。

如何避免：吃鱼时要特别注意，一旦被鱼刺卡住，不要吞饭、喝水，要迅速到医院取出来。

3. 卡喉还会造成大脑缺氧，出现瘫痪、失语等严重并发症。

如何避免：如果被较大的食物卡住，无法呼吸，最有效的措施就是海姆立克急救法。

·安全提示·

☒ 大量喝水，试图把食物冲下去。
☑ 用海姆立克急救法将食物挤压出来。

大量喝水可能把水吸入气管内，加重窒息，后果更加严重。

☒ 通过喝醋来软化卡住的鱼刺。
☑ 不要再吃、喝任何食物。

醋不会软化喉咙里的异物，大口吃东西很可能越卡越深，甚至划破食管。

☒ 被噎住后，要长时间憋气，这样食物就会滑下喉咙。
☑ 尝试用干净的手指或压舌板轻轻刺激喉部，引起恶心的感觉，从而将食物呕吐出来。

被噎住后，气道变窄，呼吸吃力，如果再长时间憋气，就很容易引起缺氧，甚至窒息丧命。

紧急避险·小口诀·

食物卡喉不要慌，
海姆立克来帮忙。
背后抱紧被噎者，
手放肚脐两指上。
两臂收紧压胸口，
快速冲击压力高。
反复来上五六次，
异物吐出才舒畅。

小贴士

海姆立克急救法

1. 站在被噎者身后，环抱住他，一只手握拳，另一只手包住拳头。
2. 双手放于被噎者肚脐上方两根手指的位置，两个手臂用力向上向后收紧，按压被噎者的上腹部。
3. 连续做几次，直到异物吐出来为止。

食物中毒怎么办？

我过期了！

昨天没住进冰箱里，有点酸酸的。

我已经漏气了！

哇，可以去别人肚子里玩啰！

我要去厕所！

这么严重，肯定是食物中毒了！

大家忍耐一下，救护车很快就到了。

以后一定不乱吃东西了！

太难受了！

和安全专家聊聊天

小朋友们，食物中毒通常指吃了变质的食物或含有毒素的食物后，感觉肠胃不舒服，出现恶心、呕吐、腹痛、腹泻等症状。要防止食物中毒，首先要注意个人卫生，养成饭前便后勤洗手的卫生习惯；其次应注意饮食卫生，如不直接用手拿食物，不吃隔夜的饭菜，生吃的水果蔬菜一定要洗干净等。最后还要牢记，千万不要喝生水，也不要过量吃冷饮。

可能发生的危险

1. 食物中毒后，人往往会剧烈呕吐、腹泻，腹部疼痛。

如何避免：注意看食物的保质期，不吃不新鲜或腐败变质的食品，不吃“三无”食品。

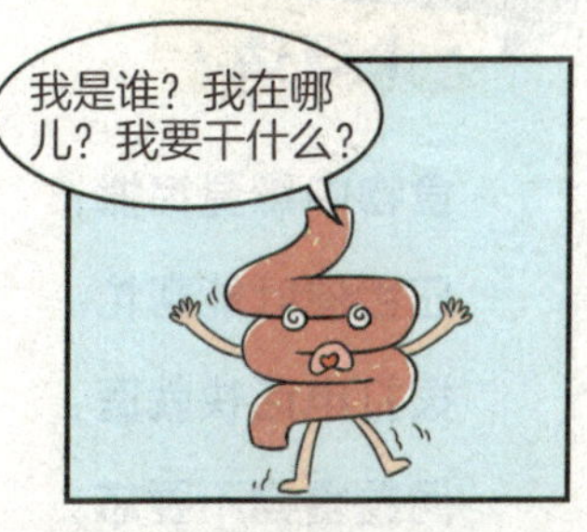

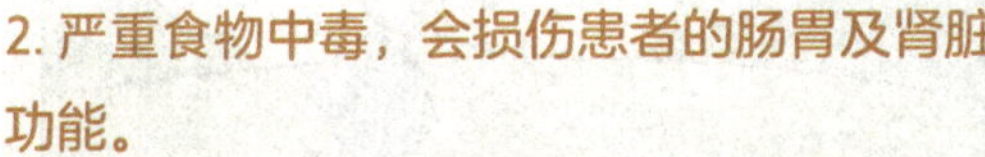

2. 严重食物中毒，会损伤患者的肠胃及肾脏功能。

如何避免：食物中毒后，在120急救车到来之前，可以用干净的筷子刺激舌根催吐，减少毒物在体内的吸收量。

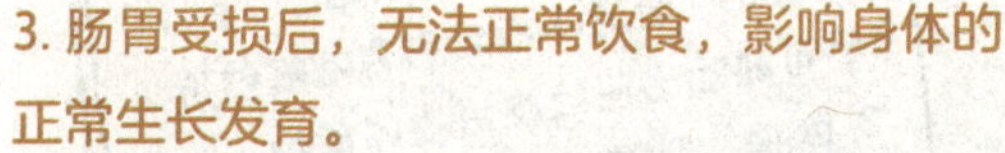

3. 肠胃受损后，无法正常饮食，影响身体的正常生长发育。

如何避免：树立正确的饮食观念：既不浪费食物，也不过度勤俭节约。食物变质了就要扔掉，决不能心存侥幸。

·安全提示·

☒ 切生肉、熟食和水果的刀具、砧板混用。
☑ 切生肉、熟食和水果的刀具、砧板分开。

生肉、熟食混用刀具最容易造成食品污染。

☒ 认为食物放进冰箱就能保鲜。
☑ 食物最好包裹保鲜膜，正确放入冷藏 / 冷冻层。

食物放置不当，即使在冰箱里也会出现细菌交叉感染。

☒ 没有放多久，应该还可以吃吧。
☑ 食物开袋后尽量吃完，如果有剩余，应该用保鲜膜或封口夹封好。

高温天气下，牛奶、绿豆汤等食品极易腐败变质。

紧急避险 ·小口诀·

食物中毒莫惊慌，
压舌催吐能帮忙。
拨打电话快就医，
问题食物不要忘。

小贴士 食物中毒后怎么处理？

1. 求救，拨打 120 急救电话。
2. 催吐，清洁手指后刺激咽喉部位，尽可能吐出已经吃进去的食物。
3. 就医，用塑料袋装一些未食用的食物或呕吐物，带去医院，方便医生化验治疗。

传染病来了怎么办？

快看他，都流泪了！

你哭什么呀？

阿嚏，阿嚏，阿嚏！

就你会打喷嚏，我也会，阿嚏！

这是一种传播性非常强的传染病。

让我看看，还有谁！

一定要戴好口罩啊！

别喷我！

和安全专家聊聊天

小朋友们，传染病具有传染性强、发病率高、容易大面积流行的特点。预防及减少传染病的发生，应注意以下五点：①保持良好的个人卫生习惯，如勤洗手；②保持良好的环境卫生，如勤开窗；③保持良好的个人体质，如早睡早起，充分锻炼，提高免疫力；④保持高度的警觉性，在传染病高发期，少去人多的商场或室内游乐场，外出戴好口罩；⑤及时接种相关疫苗。

可能发生的危险

1. 被传染后，身体会出现不同程度的不良症状，影响身体健康。

如何避免：在传染病流行季节，尽量少到人群密集的场所活动，避免接触传染源。

2. 感染传染病可能影响生长发育。

如何避免：一旦出现持续高热，伴有剧烈咳嗽、胸痛、呼吸困难等症状，要及时到医院就诊，避免延误病情。

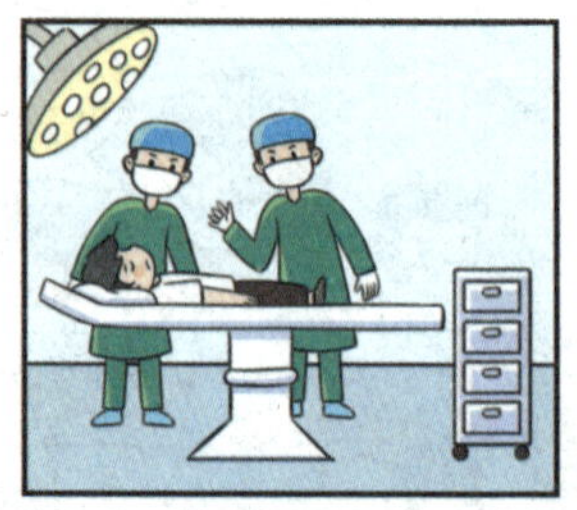

3. 传染病引发重症后，患者甚至可能呼吸衰竭，影响生命安全。

如何避免：按时接种常见传染病疫苗，降低感染后重症风险，减少并发症发生率。

· 安全提示 ·

☒ 戴不戴口罩都一样。
☑ 口罩是应对传染性疾病的最好防护装备。

一次性口罩不要重复使用。

☒ 不爱洗手，洗手时敷衍不认真。
☑ 遵照七步洗手法，认真清洁消毒。

科学规范的洗手方式可以有效减少传染病的传播。

☒ 害怕疫苗有副作用，不打疫苗。
☑ 及时注射疫苗，才能保护健康。

注射疫苗可以减少患重症的概率。

紧急避险 · 小口诀 ·

病毒传染真可怕，
做好防护抵御它。
户外出行戴口罩，
人多不去凑热闹。
饭前便后要洗手，
生冷食物不入口。
多喝水，多锻炼，
提高免疫身体好。

小贴士 七步洗手法

1. 内：洗手掌。
2. 外：洗手背，搓指缝。
3. 夹：洗掌侧指缝。
4. 弓：洗指关节。
5. 大：洗大拇指。
6. 立：洗指尖。
7. 腕：洗手腕。

发生车祸怎么办？

去我家玩儿吧！
还是去我家吧！
总质量:1600kg
谁第一个跑过马路就去谁家！
快闪开！
嘀嘀！！
别乱动，等救护车！
总质量:1600kg
哪里疼？

和安全专家聊聊天

小朋友们，如果遇到交通事故，被撞到头部或身体的其他部位，一定不要乱动，要耐心地等待医护人员的救援，也尽量克制自己的情绪，不要大哭大闹。虽然受伤很不舒服、很疼，但是如果乱动或大哭大闹，身体可能会更疼，甚至出现更难处理的后患。所以，遇到交通事故，一定要坚强、勇敢，不乱动身体，耐心等待医护人员的救援。

可能发生的危险

1. 被车辆撞倒，危及生命。

如何避免：行走时要注意周围情况，不要在马路上追逐打闹，不要跨越街上的护栏和隔离墩，以免发生意外。

2. 没有系安全带，发生车祸后，会出现恶心、呕吐等症状，甚至造成脑震荡。

如何避免：不管是坐在副驾位置还是后排，都要系好安全带，或者坐儿童安全座椅。

3. 发生车祸后，及时撤离现场，否则容易出现二次事故，身体受到伤害。

如何避免：发生交通意外后，如果身体能自由活动，要尽快离开事发现场；如果身体受伤无法移动，可向周围的热心群众求救，同时拨打 120 急救电话。

·安全提示·

☒ 用不干净的衣物等覆盖伤口。
☑ 用干净的毛巾、纱布等包扎伤口。

用不干净的衣物或座椅套包裹伤口很可能导致二次感染。

☒ 着急把骨折伤者从车底拉出来。
☑ 伤势严重者应等待医护人员的救援。

车祸可能伤及神经，移动重伤者可能导致更严重的后果。

☒ 感觉伤势很轻微，没去医院，直接回家。
☑ 最好去医院进行全面检查。

车祸后，身体可能有内出血、脑震荡或内伤，当时没感觉，过几天才出现不适。

紧急避险 ·小口诀·

马路来往车辆多，
追逐打闹易闯祸。
过马路看红绿灯，
斑马线上安全过。

小贴士 车祸受伤后的简单自救

1. 检查伤势，伤势轻微可以简单包扎伤口。
2. 如果有大量出血或骨折，不要随便活动，以免伤情加重。
3. 向附近的人求救，同时还要拨打 120 急救电话和 122 交通事故报警电话。

发生踩踏怎么办？

叮铃铃

冲啊！我是第一个！

哎哟，谁推我啊？

别挤了，有人摔倒了！

啊，好疼！

大家都有序站好，排成三列，不要拥挤！

我扶你起来，然后去医务室看看！

和安全专家聊聊天

小朋友们，踩踏事故是一种群体伤害事件，也是一种人为灾难。踩踏事故发生时，儿童、孕妇、老人是最容易受到伤害的高危人群。2022 年 10 月 29 日，韩国梨泰院发生踩踏事故，造成 150 多人遇难。在节假日期间，公共场所特别是有灯会、花会、音乐节等大型活动的地方，是踩踏事件的高发地。

可能发生的危险

1. 在人群中摔倒后，被反复踩踏造成内脏损伤。

如何避免： 及时避开人群，不慌乱、不奔跑、避免摔倒。

2. 造成严重的骨折。

如何避免： 如果在楼梯间发生踩踏，要尽量抓住楼梯扶手，防止摔倒；观察安全出口和疏导标识，注意路面情况。

3. 挤压时间久了，人会缺氧窒息。

如何避免： 在人群中，左手握拳，右手握住左手手腕，双肘撑开平放胸前，形成一定空间，保证呼吸畅通。

·安全提示·

☒ 使劲挤，尽快挤出人群。

☑ 每个人都自觉遵守秩序，才能有效避免踩踏事故的发生。

什么事情都想抢先做，反而容易误事。

☒ 被人群包围后，大喊大叫、推搡他人。

☑ 及时制止其他同学的推搡和挤压。

一定要保持镇静，切勿因恐慌造成更大的混乱。

☒ 看到同学被挤倒，蹲下去扶。

☑ 不主动或被动弯腰，努力保持自身平衡。

遭遇挤压时，千万不要贸然弯腰，避免跌倒后引发踩踏事件。

上下楼梯靠右走，

不慌不忙莫停留。

人多不做恶作剧，

防止慌乱扰秩序。

拥挤两脚分开立，

防止被人推向地。

有人倒地不围观，

相互提醒不乱喊。

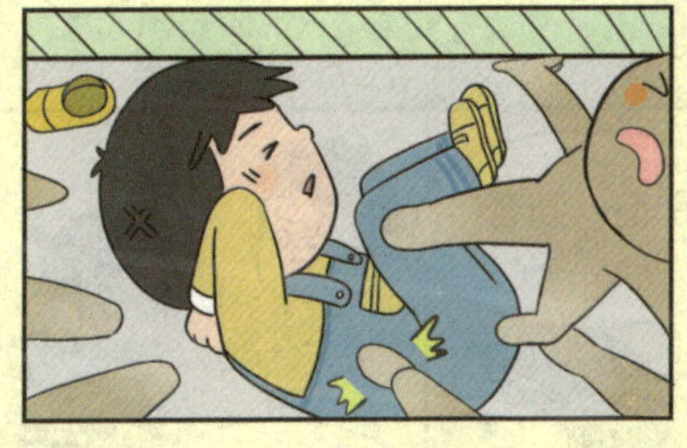

小贴士 踩踏事故中的自救措施

1. 有意识地移动到人群边缘。2. 靠近墙壁后，十指交叉相扣，护住后脑和颈部，两肘向前，护住双侧太阳穴。3. 不慎倒地时，双膝前屈，护住胸腔和腹腔重要脏器，侧躺在地。4. 左手握拳，右手握住左手腕，双肘撑开平放胸前以保证呼吸畅通。

遇到持凶器的歹徒怎么办？

和安全专家聊聊天

小朋友们，恶性伤人事件时有发生，比如 2021 年 9 月，江西某学校附近，曾出现醉汉持刀伤害学生。这就是典型的恶性伤人事件。这种恶性伤人事件让人防不胜防。我们要积极参加学校的防暴安全演练，提高自身的应变能力。

可能发生的危险

1. 缺少安全意识，被歹徒伤害。

如何避免：发现情况不对，第一时间逃跑，不要在危险地带犹豫停留。

2. 往人少的地方跑，被歹徒追上。

如何避免：立即寻找可以保护自己的大人，比如校门口的保安、老师。

3. 目睹流血伤人事件，造成心理创伤。

如何避免：跑到隐蔽处躲起来，避免直视伤人现场，事后寻求心理医生的专业帮助。

·安全提示·

☒ 认为歹徒是大人，不会伤害小孩。

☑ 尽快远离歹徒。

在学校持刀行凶的歹徒已经失去理智，离得越远越好。

☒ 大声骂对方，激怒歹徒。

☑ 不要把歹徒的注意力引到自己身上。

向校门口的保安、学校的老师寻求保护。

☒ 双腿发软，祈祷歹徒放过自己。

☑ 参加学校的防暴安全演习，提高心理素质和应变能力。

熟悉安全演习流程后，当危险发生时，身体会迅速做出反应。

紧急避险 ·小口诀·

遇到歹徒持利器，

速朝老师保安跑。

不出声也不对视，

警察很快会来到。

小贴士

遇到歹徒如何自救？

1. 保持冷静，不要尖叫哭泣，以免引起歹徒的注意。
2. 判断安全位置，迅速撤离。
3. 借助大树、建筑物等藏身。

游乐设施坏了怎么办？

充气城堡
摇摇车
妈妈，我要玩这个！
叔叔，我害怕！
不要怕，我们有严格的安全防护措施。
窗外好美啊！
怎么回事？
突然断电导致摩天轮不能动，游客请不要惊慌！
没事，很快就会有人来救援的！
妈妈，我害怕。
动了！

和安全专家聊聊天

随着游乐行业的兴起，儿童游乐项目越来越受欢迎，安全问题日益受到重视。小朋友们去游乐场游玩，参与一些刺激的大型游乐项目时，应注意安全细节。在乘坐刺激的大型游乐设施前，游客一般可在设施的明显位置找到“游客须知”，一定要仔细阅读，充分了解注意事项和乘坐规则后再乘坐。

可能发生的危险

1. 游乐设施老化，存在漏电风险。

如何避免：如果发现游乐设施有异常声响、气味、抖动、晃动等情况，应在游乐设施启动前，及时告知管理人员并离开设施。

2. 旋转类游乐设施离心力很大，出现故障后，很容易被甩出去。

如何避免：在游玩过程中出现身体不适，感到难以承受时，及时呼救。

3. 游乐设施突然塌陷，会造成挤压，甚至导致窒息。

如何避免：尽量避开风险较高的游乐项目。

· 安全提示 ·

☒ 遭遇意外时，自己解开安全带。
☑ 系好安全带，保持冷静，听从工作人员的安排，等待救援。

出现意外后，不要试图自己解除安全装置。

☒ 明知自己恐高，还挑战高空项目。
☑ 不要逞强，容易造成身体不适的游乐项目不要玩。

恐高是一种正常的生理现象，不要忽视。

☒ 没有注意游乐项目的年龄和身高要求。
☑ 了解每个游乐设施的说明事项。

有的游乐项目明确说明了游玩的条件，要提前了解。

紧急避险 · 小口诀 ·

游乐设施真不少，

游客说明要知道。

设施陈旧需警惕，

安全隐患风险高。

充气城堡没支撑，

一旦漏气它就倒。

高空项目会离地，

五点式安全带更可靠。

小贴士 如果玩高空项目，应该注意什么？

1. 不因为别人的煽动而挑战自己并不想玩的高空项目。
2. 观察游乐设施运行是否流畅，安全护具是否齐全。
3. 在高空中如有任何不适，请立即向工作人员示意，等待救助。

需要拨打110电话求助怎么办？

和安全专家聊聊天

小朋友们，随着年龄的增长，社会交往的圈子逐渐扩大，为了更好应对突发事件，必须牢记一些求救电话号码。遇到突发事件，正确拨打求助报警电话，有助于自己及时获救，也可以救助他人。

可能发生的危险

1.110 电话打通后，边哭边说，不能提供有效准确信息。

如何避免：深呼吸，控制情绪，说清楚报警的原因、具体位置，比如 ×× 大街 ×× 小区有个老人晕倒了，需要救援等。

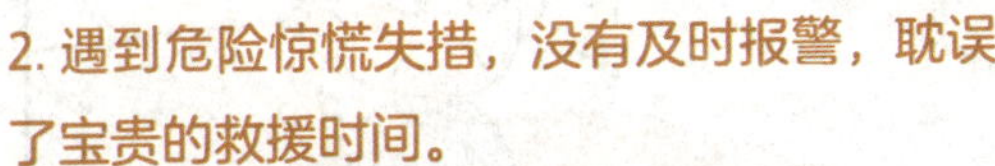

2. 遇到危险惊慌失措，没有及时报警，耽误了宝贵的救援时间。

如何避免：认真对待平时的安全演习，牢记 110 报警电话、119 火警电话、120 急救电话等求救电话，遇到突发事件时准确拨打。

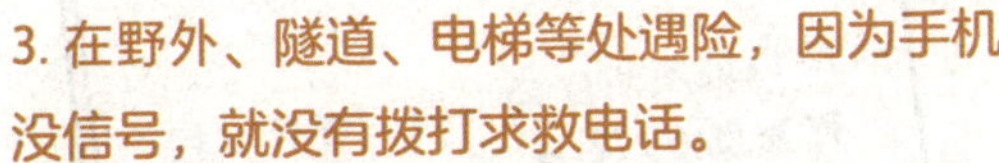

3. 在野外、隧道、电梯等处遇险，因为手机没信号，就没有拨打求救电话。

如何避免：有些偏僻或者信号弱的地方，手机虽然显示无信号，但还是可以拨打紧急求救电话的。

·安全提示·

☒ 过于紧张，说不清楚或夸大其词。

☑ 保持冷静，讲话内容要真实。

报警时要实事求是，以便值班民警做出准确的判断。

☒ 对地点不熟悉，说不清楚具体位置。

☑ 将附近建筑物的特征描述给警察。

对于陌生的地方，可将周围的公交站牌或大型建筑物作为参照位置。

☒ 报完警后，觉得没什么事就走了。

☑ 在现场等待警察的到来。

报警后请在现场附近等候，民警到来后会主动联系报警人员。

紧急避险 ·小口诀·

紧急事件需报警，
三个关键要记清。
第一描述为何事，
第二详细说地址。
第三电话留号码，
现场等待脱困境。

被地铁门夹住了怎么办？

车门即将关闭，谨防夹伤……
等等！
这也太危险了吧。
对啊，车门要关了最好等下一辆车。
先挡住你再说！嘿——
等等！我的菜！我的菜！
如果夹住人，那就太危险了。
我们可不能这样赶地铁。

和安全专家聊聊天

小朋友们，乘坐地铁时万一被车门夹住了，千万不要自己强行开门，可以请身边的乘客呼叫地铁工作人员或拨打当地轨道交通的紧急救助电话。如果发现有人不慎被车门夹住，可以立即拉下位于车门右侧红色的紧急解锁手柄，通过车门旁边的紧急对讲装置通知列车司机。

可能发生的危险

1. 手指或身体被闭合中的地铁门夹伤。

如何避免：注意车厢、站台内地铁开关门的提示音或广播通知，不抢上抢下，避免手、脚等部位被关闭的车门夹伤。

2. 衣服、头发等被地铁门夹住，人被车厢拖拽。

如何避免：立刻寻求车内乘客、地铁站台工作人员的帮助，让列车停止运行。

3. 追赶地铁时，没有注意柱子或地缝，被撞倒或者摔跤。

如何避免：不抢上抢下即将关门的地铁，在上下车时注意观察车门与站台间的间隙，稳步慢行。

·安全提示·

☒ 在地铁门即将关闭前，急速进出车门。

☑ 当车门关闭警示音响起时，停止上下车。

强行进出即将关闭的地铁门，有很大的安全隐患。

☒ 用包裹、雨伞等物品卡住车门。

☑ 在站台黄线外，有序排队等待上车。

以物品阻止地铁门关闭，将给地铁运行和个人安全带来极大风险。

☒ 地铁还没有停稳，就松开扶手。

☑ 等地铁停稳后，再松开扶手或者站起来。

耐心等待列车完全停止运行后，再有序上下车。

紧急避险 ·小口诀·

乘坐地铁守规矩，
有序排队不推挤。
车门即将关闭时，
强闯容易出事故。
事故万一真发生，
保持冷静抵住门。
呼救他人按按钮，
通知司机快停车。

小贴士

一旦被地铁门夹住，应该怎么办？

1. 保持冷静，不要剧烈挣扎，避免受到其他意外伤害。
2. 尽量用胳膊、大腿将车门抵住，防止车门完全闭合。
3. 请车厢内外的乘客帮忙，使用紧急停车按钮或迅速通知车站工作人员。

公交车急刹车怎么办？

和安全专家聊聊天

小朋友们，搭乘公交车时，从上车开始，就务必牢牢抓好扶手。千万不要因为车辆一直在平稳行驶就掉以轻心，松开扶手，去做别的事情。

可能发生的危险 

1. 在站台下等待或玩耍，有极大安全隐患。

如何避免： 公交站台可不是玩耍的地方，等公交车时，一定要站在站台上安全的位置。

2. 没抓紧扶手，在车辆急刹车时，摔倒受伤。

如何避免： 上车后，全程抓紧前排座椅、把手或者钢管扶手，决不能掉以轻心。

3. 倚靠车门，公交车开门时，因为重心不稳而摔倒。

如何避免： 尽量不要站在公交车车门处，也不要倚靠车门。

·安全提示·

☒ 在公交车内玩耍打闹。
☑ 全程保持安静，坐好或抓牢扶手站立。

公交车行驶时车身惯性大，要注意保持身体平衡，避免碰撞受伤。

☒ 肚子饿了，在公交车上吃东西。
☑ 尽量在下车后再吃东西。

因车速随时会发生变化，在公交车内进食容易使食物呛入气管。

☒ 在晃动的车内看书、玩电话手表。
☑ 抓好车内扶手，不看书、不玩电话手表。

在晃动的车内看书、低头玩电话手表容易使眼睛疲劳，也容易晕车。

紧急避险 ·小口诀·

乘坐公交讲秩序，
先下后上不拥挤。
车内不能跑闹跳，
抓紧扶手莫忘记。

小贴士

公交车突然急刹车时，怎么保护自己？

1. 无论站还是坐，尽量抓住扶手或前方座椅。
2. 双腿分开，让身体重心尽量落在脚上。
3. 摔伤后不要乱动，呼叫身边大人来帮助。

平衡车为什么不能上路？

小宝，去对面超市帮我买包盐吧。

好吧。

哎？用这个肯定快很多。

哈，走喽！

怎么停不下来了？

小朋友，你这样太危险了。

和安全专家聊聊天

小朋友们，平衡车是靠电力驱动的装置，与操作者的接触面积仅有脚底大小。在紧急制动时，因为惯性的作用，操作者会身体前倾，失去平衡而摔跤。因为外形轻便简洁，平衡车很难设计复杂的制动装置。这类滑行类代步工具不应当上路行驶，只能作为休闲娱乐的工具在特定区域内使用。

可能发生的危险

1. 遇到不平坦的路面，平衡车失控，导致摔跤。

如何避免： 选择适宜平衡车行驶的平坦道路，遵守平衡车使用的安全规则，不在车上做危险动作。

2. 平衡车突发故障，导致摔伤、碰撞。

如何避免： 使用平衡车前仔细检查车轮、电池状态，确认车况良好后再使用。

3. 在机动车较多的场所使用，被车辆冲撞。

如何避免： 使用平衡车时，远离机动车道、人流量较大的地方，时刻注意观察路面动向。

·安全提示·

☒ 不戴头盔就启动平衡车。

☑ 戴好头盔、护膝、手套，查看平衡车电量后，启动平衡车。

使用平衡车不戴护具，一旦发生磕碰，极容易对身体造成严重伤害。

☒ 在车辆较多的地方使用平衡车。

☑ 在平坦、人少的特定区域使用平衡车。

为了自己和他人的安全，平衡车只在无车、人少的特定地区使用。

☒ 使用平衡车追逐打闹，做危险动作。

☑ 在无障碍路面控制速度，平稳行驶。

不正确的操作方式容易引发平衡车故障，为滑行带来极大安全风险。

紧急避险 ·小口诀·

平衡车，看着酷，

用它代步无防护。

一旦刹车不减速，

头破血流出事故。

小贴士 从平衡车上摔下来怎么办？

1. 如果有轻微摔伤流血，可以先用生理盐水清洗，再用碘伏消毒。
2. 如果血流不止，立刻用干净的布片包扎止血，然后去医院就诊。
3. 如果摔倒时疼痛剧烈，无法移动，应拨打 120 电话求救。

大型车辆来了怎么办？

老李啊，我马上出发，很快就到。
爸爸，快看，好多小牛，它们还朝我伸舌头。
鲜花它们吃吗？
不好，儿子，车启动了，咱们快让开。
啊！等等，我的帽子！
帽子！帽子还给我！

和安全专家聊聊天

小朋友们，在道路上通行时，行人、非机动车应尽量和大型车辆保持一定的安全距离。特别是在交叉路口，要格外留意正在通行的大型车辆，不要抢先超越正在转弯的大型车辆，不要停留在大型车辆司机的视野盲区和车辆“内轮差”区域内，防止事故发生。

可能发生的危险

1. 大型车辆的视野盲区容易发生碾压事故。

如何避免： 大型车辆车头前方、车尾及车身两侧都有视野盲区，尽量不要靠近。

2. 大型车辆转弯时，因前后车轮轨迹不重合，形成“死亡盲区”，极易剐倒行人。

如何避免： 远离路口处的大型车辆，不与大型车辆并排行进、不抢行。

3. 公交车前后车门之间，司机的视线容易被人群遮挡，后车轮到车尾处也是视野盲区。

如何避免： 了解公交车、大货车存在视野盲区的特点，随时远离各类大型车辆。

·安全提示·

☒ 在大型车辆停车区玩耍。
☑ 在开阔的空间内玩耍，远离大型车辆。

司机随时可能发动汽车驶离，在车辆附近玩耍易发生事故。

☒ 过马路时，没有注意左边的大型车辆也在转弯。
☑ 过马路时，观察前后左右的大型车辆。

大型车辆转弯时，视野盲区增多，切不可进入车辆右侧空隙。

☒ 乘客较多时，在公交车前后门之间的位置贴近车辆推挤。
☑ 远离公交车车身，不抢上抢下。

上下车乘客较多时，人群中的小朋友很容易被忽视。

马路上，要小心。
前后左右要看清。
不和大车靠太近，
大车转弯咱让行。
大型车辆盲区多，
注意避让别侥幸。

小贴士

过马路遇见大型车辆，怎样做最好？

1. 绿灯亮，如果侧边的大型车辆尚未减速停稳，千万不要着急冲过去。
2. 大型车辆完全通过后或停稳后，再沿斑马线通过马路。

飞机颠簸怎么办？

各位旅客，因为气流颠簸，乘务人员将停止供餐服务，请大家系好安全带。

为什么轮到我了就停止供餐了？我解开安全带去问问。

因为气流颠簸，现在不能解开安全带。

气流颠簸？飞机遇到危险了吗？

你别解安全带，坐好。

这个姐姐是不是在玩儿躲猫猫？

那是因为颠簸时，她遵循安全原则，蹲下降低重心。

是这样的啊！

和安全专家聊聊天

小朋友们，飞机颠簸主要是因为飞机进入了空中的扰动气流区。遇到颠簸，我们应该：①系好安全带，停止使用卫生间；②如果此刻离座位较远，应立即蹲下，抓住固定的物体，保持身体平衡；③如果还在卫生间，可以抓紧厕所马桶边的辅助手柄；④飞机颠簸时，广播或者空乘服务人员也会提醒，一定要遵守乘机规定。

可能发生的危险

1. 来不及系安全带，身体在机舱内碰撞受伤。

如何避免： 听从机组人员指挥，保持镇定，抓紧身边最近的座椅等固定物。

2. 飞机颠簸时，被手上的热饮烫伤。

如何避免： 将热饮立刻放在地板上。

3. 因为抵抗心理和不适感左顾右盼，结果被行李架上掉落的物品砸伤。

如何避免： 飞机颠簸时，乘客会有失重感，感到恶心和头晕，这时别慌张，尽量将头靠在椅背上，可以缓解眩晕。

·安全提示·

☒ 不系安全带。

☑ 仔细观看飞机安全教学视频，系好安全带。

飞机颠簸时，不系安全带容易导致身体与机舱内的硬物发生冲撞而受伤。

☒ 用尖叫和大哭大闹应对飞机颠簸。

☑ 冷静下来，可以嚼嚼口香糖或者和身边的父母聊天，分散注意力。

哭闹不仅影响其他乘客，还会增加自己的恐惧。

☒ 飞机颠簸时，在距离座位较远的过道，仍坚持走回座位。

☑ 在就近过道蹲下，抓紧身边的座椅扶手。

远离座位时发生颠簸，应原地蹲下，抓牢周围座椅。

紧急避险 ·小口诀·

飞机颠簸不要慌，

热饮放低防烫伤。

安全带，速扣严，

背靠座椅头微扬。

小贴士

坐飞机要注意的安全事项

1. 飞机的安全门是逃生时使用的，不能随意触碰。
2. 坐飞机时，全程都要系上安全带。
3. 起飞前的安全演示，一定要认真观看。

怎样下车更安全？

您好，我们已经到达目的地。

好的。

哦，可以下车了！

不要从左侧下！

为什么？

从左侧下车可能影响
其他车辆正常行驶，
还可能发生危险！

和安全专家聊聊天

小朋友们，搭乘小轿车，准备下车时，除了携带好随身物品，还要仔细观察周边是否有通行的车辆或行人，确认安全后，再从右边下车；下车后要尽量利用附近的人行横道、地下通道过马路，不要急于从车辆的前后横穿道路。乘坐人员较多的公共交通工具，如公交车等，下车时要抓好扶手，等车停稳再下车，以免因惯性摔跤。

可能发生的危险

1. 打开车门时，与车外行驶的车辆相撞，导致受伤。

如何避免： 下车前，仔细观察车外行人、车辆状态后，从右侧小幅度打开车门下车。

2. 车辆未完全停稳时，着急下车，导致摔倒、扭伤。

如何避免： 无论多着急，都要牢记安全第一的原则，决不抢上抢下。

3. 公交车开门后，推搡、踩踏别人。

如何避免： 公交车开门后，遵循先下后上的原则，不抢行、不推搡他人。

·安全提示·

☒ 为了方便，急着从左侧车门下车。
☑ 先从右侧车窗观察前后有无其他路过的车辆，确认没有路过的车辆后再下车。

务必从右侧车门下车，从左侧开门易引发交通事故。

☒ 赶时间，要下车了什么都不顾。
☑ 耐心等待车辆完全停稳再下车。

车辆没有停稳时开门下车，容易摔伤。

☒ 下车后停留在车道附近看手机、发信息等。
☑ 下车后，确认两侧路况安全后立即通过。

下车后不要在路边徘徊玩耍，以免被往来车辆剐蹭。

紧急避险
·小口诀·

下车前，先观望，
车未停稳不莽撞。
前后无人右开门，
过路察看不慌张。

小贴士

如何做到安全下车？

1. 养成从右侧下车的好习惯。
2. 开车门前，先从右侧车窗观察来往车辆和行人，注意避让。
3. 车门打开的幅度不要太大，下车后随手关门。

为什么乘车时不能将头、手伸出车外？

和安全专家聊聊天

小朋友们，《中华人民共和国道路交通安全法实施条例》第七十七条明确规定，乘坐机动车时，机动车行驶中不得将身体任何部分伸出车外。少年儿童在乘坐私家车时，可能会因为车内憋闷、对车外的风景感到好奇等原因，将头、手等身体部位伸出车外。这种行为非常危险，很可能会与相邻的车辆、路边的树木等剐蹭导致受伤。

可能发生的危险

1. 头或手与交会的车辆相撞，导致受伤。

如何避免：保持正确的坐姿，系好安全带，文明乘车。

2. 头、手或身上的衣物与路边的树枝发生擦碰、纠缠而受伤。

如何避免：乘车时不把头和手伸出车外，不要认为自己来得及躲避。

3. 把头、手伸出车外，容易被没有防夹功能的车窗夹伤。

如何避免：每辆车的功能不一样，增强安全意识，车辆行驶中不在车内打闹，不把头或手伸出车外。

·安全提示·

☒ 因为好奇或感觉憋闷，将头和手伸出车外。

☑ 与打开的车窗保持适当距离，不随意乱动。

将身体部位伸出车外，极易被车外物品碰撞而受伤。

☒ 在车辆暂停行驶的情况下，将头、手伸出车外玩耍。

☑ 系好安全带，在座位上安静等待。

车辆随时可能启动行进，将身体部位伸出车外很危险。

☒ 使用父母的手机等摄像装备，将手伸出车外拍照。

☑ 在车辆停止行驶后，下车拍照。

将手伸出车外拍照，人体和摄像设备都有可能遭受损伤。

紧急避险 ·小口诀·

乘车出行速度快，

时刻系好安全带。

头手不能伸窗外，

美丽风景下车拍。

小贴士

乘车安全守则

1. 头、手等身体部位不伸出车外。
2. 系好安全带，不在车内打闹、攀爬。
3. 不坐座位前排，不和家长同坐一个座位。

滑轮滑发生危险怎么办？

你们今天敢不敢跟我比比谁先到学校？
好啊。
嘿嘿，全靠你了。
你没有戴头盔、护具，太危险了！
虽然没戴头盔、护具，但我会很小心的。
哈哈，你跑步也赶不上我的轮滑快。
糟了，我停不下来了！
砰
呜呜呜，早知道就戴好头盔、护具了。
玩轮滑还是要戴好安全护具。

和安全专家聊聊天

小朋友们，轮滑是有一定风险的运动。玩轮滑前，首先应做好准备活动，尤其是手腕和下肢各关节、韧带等；其次要检查轮滑鞋的轴、螺丝有无松动；最后，活动场所应选择平滑的广场，避开水坑、沙石路段，远离机动车道。最重要的是，玩轮滑时，一定要戴好全套安全护具，以免发生意外。

可能发生的危险

1. 不戴护具玩轮滑，摔倒后严重受伤。

如何避免：增强安全意识，整齐佩戴护具，向前摔倒时主动屈膝下蹲，用双手撑地缓冲。

2. 在机动车道路玩轮滑，与车辆碰撞受伤。

如何避免：马路不是轮滑场地，不在车多的地方玩轮滑。

3. 轮滑速度过快，刹车器失灵导致摔伤或撞伤。

如何避免：玩轮滑前，检查轮滑鞋的安全性，选择在平坦的路面玩轮滑。

·安全提示·

☒ 在机动车道滑行并与同伴追逐打闹。

☑ 在平坦的轮滑场地滑行，与同伴保持适当距离。

多人同时轮滑，务必保持适当的距离，以免互相剐碰摔倒。

☒ 看别人不戴护具，自己也不戴。

☑ 佩戴整套护具，在平滑路面滑行。

轮滑速度快，戴齐护具可减轻伤害。

☒ 认为自己技术了得，模仿极限动作。

☑ 在平坦的路面滑行，不做危险动作。

极限轮滑表演是专业选手多年训练的成果，普通轮滑爱好者切勿模仿。

紧急避险

·小口诀·

轮滑飞速转，

护具要戴全。

马路不可穿，

冲撞身难安。

小贴士

玩轮滑失衡怎么办？

1. 按惯性滑出，降低身体重心，不要以手、肘等部位强行支撑。
2. 顺势侧翻，避免头先着地。
3. 摔倒后，不盲目乱动，以俯卧跪地姿态慢慢站起。

为什么不能堵塞消防通道？

和安全专家聊聊天

小朋友们，消防通道是消防人员实施营救和疏散被困人员的通道。火灾初期阶段是灭火的最佳时机，也是居民安全撤离的最佳时段，任何单位、个人不能占用、堵塞消防通道；一旦用于消防作业的车辆、消防设备、人员不能及时通过消防通道进行灭火作业，火灾引发的人身、财产损失将不堪设想。

可能发生的危险

1. 占用消防通道，阻碍消防车进入火灾现场救援。

如何避免：不侵占、堵塞消防通道，增强消防安全意识。

2. 不顾自身安危，进入火场寻找家人或者宠物。

如何避免：火灾发生后，尽快撤离火场，离开危险区，这样才能降低消防员的工作难度。

3. 不熟悉消防通道位置，火灾时盲目乱跑，慌乱受伤。

如何避免：了解常驻区域消防通道的位置，发生火灾时，及时从消防通道疏散。

·安全提示·

☒ 发生紧急情况后，跟着人群跑。
☑ 应该随时留意所在地的消防通道。

大型商场等公共场所都有显眼的安全通道标识。

☒ 留恋物品，拿好东西后才逃生。
☑ 不贪恋财物，以最快速度撤离紧急情况现场。

遇到险情，千万不要留恋财物，否则耽误撤离时间，后果很严重。

☒ 遇到紧急情况时，坐电梯逃生。
☑ 遇到紧急情况一律不坐电梯，走消防通道。

从电梯逃生很容易被困电梯内，无法撤离。

紧急避险·小口诀·

消防通道请留意，
疏散标识要牢记。
遇到险情找出口，
有序撤离莫拥挤。

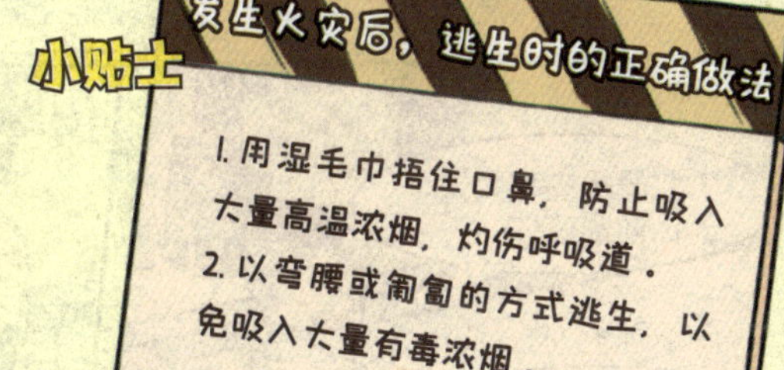

小贴士

发生火灾后，逃生时的正确做法

1. 用湿毛巾捂住口鼻，防止吸入大量高温浓烟，灼伤呼吸道。
2. 以弯腰或匍匐的方式逃生，以免吸入大量有毒浓烟。

为什么不要踩井盖？

大猩猩杰克就这样，“砰砰砰”地跳下来……

啊——

小明，你怎么样？

好臭的污水，我害怕。

别害怕，我们想办法救你。

小北已经去喊大人了，你坚持住。

我以后再也不踩井盖了。

和安全专家聊聊天

小朋友们，井盖经过长时间的使用、汽车的碾压等，存在破裂、松动的风险，如果不小心踩到，极易发生坠井事故。此外，地下管道中常伴有沼气等气体，遇到明火易发生爆炸事故，井盖碎片以及周边物品也会给行人带来不可估量的伤害。小朋友们玩耍时，务必远离井盖。

可能发生的危险

1. 井盖松动，掉入窨井摔伤或溺水。

如何避免：远离路面井盖，发现井盖丢失、破损要及时通知相关管理人员。

2. 被已经破损的井盖卡住，导致挫伤、划伤。

如何避免：不能心存侥幸，觉得踩井盖不会有事，时刻提醒自己，走路绕开井盖。

3. 地下管道内的气体（如沼气）与明火接触，发生爆炸受伤。

如何避免：不在井盖附近逗留，也不在井盖附近玩易燃易爆物品，如烟花爆竹等。

·安全提示·

☒ 在井盖上玩耍，用力踩踏。

☑ 远离井盖，不刻意踩踏井盖。

井盖使用时间长，易松动，人为踩踏容易使井盖翻转倾覆。

☒ 走路时东张西望，不注意井盖状态。

☑ 走路时专注路况，发现井盖要绕行。

走路时不要看书或手机，留心附近路况，不踩踏井盖。

☒ 向井盖内投掷爆竹、明火等。

☑ 不在井盖附近燃放鞭炮。

窨井内通常会聚集大量沼气，一旦遇到明火极易发生爆炸。

紧急避险 ·小口诀·

小朋友，路上走，

看见井盖勿凑近。

地下管道多废水，

跌入井中命堪忧。

小贴士 意外坠井了该怎么办？

1. 避免激烈动作引发受伤。
2. 尽力抓住四周的固定物或双脚蹬住井壁，延缓下坠。
3. 高声呼救，引起过往行人注意。

怎样安全过马路？

奶奶，您是想过马路吗？
是呀，不过车太多了，我要等一会儿。
我扶您一起过吧，这里是人行道，汽车看到行人要减速。
好啊，谢谢你。
哦，你再说一遍地址，我没有听清楚……
糟了！
司机不能开车接打电话！人行道上也要注意来往车辆。

和安全专家聊聊天

小朋友们，过马路时要注意观察交通信号灯的变化。即便在绿灯亮起时，也要在没有过往车辆时，才可以过马路；在巷子口出入时，不要横冲直撞。这样的路段视觉屏障多，司机很难及时察觉路人的动态。在过马路时，不要从护栏等处通过，以免引发交通事故。

可能发生的危险

1. 不遵守交通信号灯的指示，随意穿行马路，危及生命安全。

如何避免：遵守交通规则，确认无来往车辆时再通行。

2. 边打电话边过马路，不注意过往的车辆，发生危险。

如何避免：过马路时集中注意力，不要分神做其他事情，注意路面交通状况。

3. 在无交通信号灯路口盲目抢跑，引发交通混乱。

如何避免：仔细观察路面情况，有车辆行驶时不随意乱动，待车流疏散后再通行。

·安全提示·

☒ 和同学们并排走路，占了半幅马路。

☑ 跟在同学后面，不和同学并排过马路。

一边走路一边说话，并排过马路，这样是很危险的。

☒ 玩着轮滑、滑板等过马路。

☑ 提着轮滑鞋，牵着大人，安全过马路。

马路上行人和车辆来来往往，玩轮滑和滑板等过马路很容易发生混乱。

☒ 看到绿灯马上变红了，就冲出去。

☑ 认真观察道路来往车辆，决不抢灯过马路。

如果绿灯开始闪烁或者倒计时，就耐心等待下一个绿灯。

交通安全很重要，

事故不分老和少。

一慢二看三通过，

莫与汽车去抢道。

小贴士

过马路时掉了东西怎么办？

1. 不要立刻停下或回头去捡掉落的物品。
2. 走出机动车道后，观察物品掉落的位置。
3. 左右察看确认，在无车辆往来的情况下，捡回物品。

为什么不要在传送带上玩耍？

和安全专家聊聊天

小朋友们，生活中有很多场所配备传送带作为传输工具，传送带提高了工作效率，但也有一定的安全风险。在传送带运行过程中，如果靠得太近，很容易被夹到衣物，甚至卡住，发生危险；此外，传送带一旦发生故障，传送带上的物品就可能被抛出，砸伤附近的人。最后，安检机内部的X射线有辐射，小朋友们可千万不能钻进去。

可能发生的危险

1. 触摸安检处的传送带，手被传送带缝隙卡住。

如何避免：快速通过安检处，不随意碰触传送带等设备。

2. 衣物被传送带卷住，人被绞进传送带内受伤。

如何避免：与各类公共设施、生产用途的传送带保持一定的距离，不在传送带附近玩耍。

3. 好奇尝试爬上行李传送带，导致磕碰受伤。

如何避免：正确认识行李传送带，玩耍时不要靠近行李传送带。

·安全提示·

☒ 对传送带好奇，伸手去摸。

☑ 牢记触摸传送带的风险，不靠近、不触摸。

传送带的卷轴空隙极易夹手，手臂一旦卷入，后果不堪设想。

☒ 衣物等被传送带夹住后，强行拖拽。

☑ 大声呼叫工作人员，让机器停止运行。

被传送带夹住衣物时，使用蛮力拖拽极易导致身体受伤。

☒ 安检时，物品被传送带卡住，贸然动手拖拽。

☑ 发现物品在传送带上卡住时，请求安检人员帮忙挪动。

传送带属于自动化、机械化设备，极其危险。

传送带，莫好奇，
它是工业运货机。
伸手触摸风险高，
稍不留神就被绞。

小贴士

被传送带卡手，应该怎么办？

1. 大声呼救，请求周围人的帮助。
2. 自己用力抵住被卡的手臂。
3. 保持镇定，配合消防、医护人员施救。